OD CIEMNOŚCI DO DOMINIONU: 40 dni na uwolnienie się z ukrytego uścisku ciemności

Globalne nabożeństwo świadomości, wyzwolenia i mocy

Dla jednostek, rodzin i narodów gotowych na wolność

Przez

Zacharias Godseagle; Ambassador Monday O. Ogbe and Comfort Ladi Ogbe

Spis treści

O książce – OD CIEMNOŚCI DO DOMINIONU 1
Tekst tylnej okładki 4
Jednoakapitowa promocja w mediach (w prasie/e-mailu/reklamie) 5
Poświęcenie 7
Podziękowanie 8
Do Czytelnika 10
Jak korzystać z tej książki 12
Przedmowa 15
Przedmowa 17
Wstęp 19
ROZDZIAŁ 1: POCZĄTKI CIEMNEGO KRÓLESTWA 22
ROZDZIAŁ 2: JAK DZIAŁA DZISIAJ CIEMNE KRÓLESTWO ... 25
ROZDZIAŁ 3: PUNKTY WEJŚCIA – JAK LUDZIE SIĘ UZALEŻNIAJĄ 28
ROZDZIAŁ 4: MANIFESTACJE – OD OPĘTANIA DO OBSESJI. 30
ROZDZIAŁ 5: MOC SŁOWA – AUTORYTET WIERZĄCYCH ... 32
DZIEŃ 1: LINIE KRWI I BRAMY — ZERWANIE ŁAŃCUCHÓW RODZINNYCH 35
DZIEŃ 2: INWAZJE SNÓW – GDY NOC STAJE SIĘ POLEM BITWY 38
DZIEŃ 3: DUCHOWI MAŁŻONKOWIE – NIEŚWIĘTE ZWIĄZKI, KTÓRE ŁĄCZĄ PRZEZNACZENIA 41
DZIEŃ 4: PRZEKLEŃSKIE PRZEDMIOTY – DRZWI, KTÓRE NIECZYSZCZĄ 44
DZIEŃ 5: OCZAROWANI I OSZUKANI – UWOLNIENIE SIĘ OD DUCHA WRÓŻBIARSTWA 47
DZIEŃ 6: BRAMY OKA – ZAMKNIĘCIE PORTALI CIEMNOŚCI 50
DZIEŃ 7: MOC kryjąca się za imionami – WYRZECZENIE SIĘ NIEŚWIĘTYCH TOŻSAMOŚCI 53
DZIEŃ 8: DEMASKOWANIE FAŁSZYWEGO ŚWIATŁA – PUŁAPKI NEW AGE I ANIELSKIE OSZUSTWA 56

DZIEŃ 9: OŁTARZ KRWI — PRZYMIERZA WYMAGAJĄCE ŻYCIA.. 59
DZIEŃ 10: PŁODNOŚĆ I ZŁAMANE CIAŁO – GDY MACICA STAJE SIĘ POLEM BITWY 62
DZIEŃ 11: CHOROBY AUTOIMMUNOLOGICZNE I PRZEWLEKŁE ZMĘCZENIE — NIEWIDZIALNA WOJNA WEWNĘTRZNA.. 65
DZIEŃ 12: PADACZKA I MĘKI PSYCHICZNE – GDY UMYSŁ STAJE SIĘ POLEM WALKI 69
DZIEŃ 13: DUCH STRACHU — ROZBICIE KLATKI NIEWIDZIALNYCH MĘK.. 72
DZIEŃ 14: SZATAŃSKIE ZNAKI — WYMAZYWANIE NIEŚWIĘTEGO PIĘTNA.. 75
DZIEŃ 15: KRÓLESTWO LUSTRZANE — UCIECZKA Z WIĘZIENIA ODBIĆ 79
DZIEŃ 16: ZERWANIE WIĘZI PRZEKLEŃSTW SŁOWNYCH — ODZYSKIWANIE SWOJEGO IMIENIA, SWOJEJ PRZYSZŁOŚCI..... 82
DZIEŃ 17: UWOLNIENIE OD KONTROLI I MANIPULACJI 86
DZIEŃ 18: PRZEŁAMANIE MOCY NIEPRZEBACZENIA I GORYCZY... 89
DZIEŃ 19: UZDROWIENIE ZE WSTYDU I POTĘPIENIA............ 92
DZIEŃ 20: DOMOWE CZARODZIEJSTWO – GDY CIEMNOŚĆ MIESZKA POD TYM SAMYM DACHEM 96
DZIEŃ 21: DUCH JEZEBEL — UWODZENIE, KONTROLA I MANIPULACJA RELIGIJNA 100
DZIEŃ 22: PYTONI I MODLITWY — PRZEŁAMANIE DUCHA UMYSŁU.. 104
DZIEŃ 23: TRON NIEGODZIWOŚCI — BURZENIE TWIERDZ TERYTORIALNYCH... 107
DZIEŃ 24: FRAGMENTY DUSZY – GDY BRAKUJE CZĘŚCI CIEBIE 110
DZIEŃ 25: KLĄTWA DZIWNYCH DZIECI – GDY LOSOWANIE ZMIENIA SIĘ W CHWILI NARODZIN.. 113
DZIEŃ 26: UKRYTE OŁTARZE MOCY — UWOLNIENIE SIĘ OD ELITARNYCH OKULTYSTYCZNYCH PRZYMIERZEŃ................... 117

DZIEŃ 27: NIEŚWIĘTE SOJUSZE — MASONERIA, ILLUMINATI I DUCHOWA INFLACJA 120
DZIEŃ 28: KABAŁA, SIATKI ENERGETYCZNE I POCIĄG MISTYCZNEGO „ŚWIATŁA" 124
DZIEŃ 29: ZASŁONA ILLUMINATI - DEMASKOWANIE ELITARNYCH SIECI OKULTYSTYCZNYCH 127
DZIEŃ 30: SZKOŁY TAJEMNIC — STAROŻYTNE SEKRETY, WSPÓŁCZESNE NIEWOLI 130
DZIEŃ 31: KABAŁA, ŚWIĘTA GEOMETRIA I OSZUSTWO ELITARNEGO ŚWIATŁA 134
DZIEŃ 3 2: DUCH WĘŻA W CIEBIE — GDY WYZWOLENIE PRZYCHODZI ZA PÓŹNO 138
DZIEŃ 33: DUCH WĘŻA W CIEBIE — GDY WYZWOLENIE PRZYCHODZI ZA PÓŹNO 142
DZIEŃ 34: MASONI, KODEKS I KLĄTWY — Kiedy braterstwo staje się niewolą 146
DZIEŃ 35: CZAROWNICE W ŁAWKACH — GDY ZŁO WCHODZI PRZEZ DRZWI KOŚCIOŁA 150
DZIEŃ 36: ZAKODOWANE ZAKLĘCIA - GDY PIOSENKI, MODA I FILMY STAJĄ SIĘ PORTALAMI 154
DZIEŃ 37: NIEWIDZIALNE OŁTARZE MOCY — MASONI, KABAŁA I ELITY OKULTYSTYCZNE 158
DZIEŃ 38: PRZYMIERZE MACICY I KRÓLESTWA WODY - GDY PRZEZNACZENIE ZOSTAJE ZANIECZYSZCZONE PRZED NARODZENIEM 162
DZIEŃ 39: CHRZEST W WODZIE W NIEWOLĘ — JAK NIEMOWLĘTA, INICJAŁY I NIEWIDZIANE PRZYMIERZA OTWIERAJĄ DRZWI 167
DZIEŃ 40: OD DOSTARCZYCIELA DO DOSTARCZYCIELA — TWÓJ BÓL JEST TWOIM WYŚWIĘCENIEM 171
360° CODZIENNA DEKLARACJA WYZWOLENIA I WŁADZY - Część 1 174
360° CODZIENNA DEKLARACJA WYZWOLENIA I WŁADZY - Część 2 176

360° CODZIENNA DEKLARACJA WYZWOLENIA I WŁADZY – Część 3 180
WNIOSEK: OD PRZETRWANIA DO SYNOSTWA — POZOSTAĆ WOLNYM, ŻYĆ W WOLNOŚCI, UWOLNIAĆ INNYCH 184
   Jak narodzić się na nowo i rozpocząć nowe życie z Chrystusem 187
   Mój moment zbawienia 189
   Certyfikat Nowego Życia w Chrystusie 190
   POŁĄCZ SIĘ Z GOD'S EAGLE MINISTRIES 191
   POLECANE KSIĄŻKI I ZASOBY 193
   DODATEK 1: Modlitwa o rozpoznanie ukrytych czarów, praktyk okultystycznych lub dziwnych ołtarzy w kościele 207
   DODATEK 2: Protokół wyrzeczenia się mediów i oczyszczenia 208
   DODATEK 3: Masoneria, Kabała, Kundalini, Czarostwo, Skrypt wyrzeczenia okultystycznego 209
   DODATEK 4: Przewodnik aktywacji olejku do namaszczania 210
   DODATEK 6: Materiały wideo ze świadectwami dotyczącymi rozwoju duchowego 211
   OSTATECZNE OSTRZEŻENIE: Nie można się tym bawić 212

Strona praw autorskich

OD CIEMNOŚCI DO DOMINIONU: 40 dni na uwolnienie się z ukrytego uścisku ciemności – globalne nabożeństwo świadomości, wyzwolenia i mocy

autorstwa Zachariasa Godseagle , Comfort Ladi Ogbe i Ambasador Monday O. Ogbe

Prawa autorskie © 2025 **Zacharias Godseagle i God's Eagle Ministrie – GEM.**

Wszelkie prawa zastrzeżone.

Żadna część niniejszej publikacji nie może być powielana, przechowywana w systemie wyszukiwania ani przesyłana w jakiejkolwiek formie ani za pomocą jakichkolwiek środków — elektronicznych, mechanicznych, fotokopiujących, nagrywających, skanujących lub innych — bez uprzedniej pisemnej zgody wydawcy, z wyjątkiem krótkich cytatów zawartych w artykułach krytycznych lub recenzjach.

Niniejsza książka jest dziełem literatury faktu i fikcją religijną. Niektóre imiona i dane identyfikacyjne zostały zmienione w razie potrzeby ze względu na ochronę prywatności.

Cytaty z Pisma Świętego pochodzą z:

- *New Living Translation (NLT)* , © 1996, 2004, 2015 by Tyndale House Foundation. Wykorzystano za zgodą. Wszelkie prawa zastrzeżone.

Projekt okładki autorstwa GEM TEAM
Projekt wnętrza autorstwa GEM TEAM
Wydawca:
Zacharias Godseagle i God's Eagle Ministries – GEM
www.otakada.org [1] | ambasador@otakada.org
Pierwsze wydanie, 2025

---

1. http://www.otakada.org

Wydrukowano w Stanach Zjednoczonych Ameryki

O książce – OD CIEMNOŚCI DO DOMINIONU

OD CIEMNOŚCI DO DOMINIONU: 40 dni na uwolnienie się z ukrytego uścisku ciemności – *globalne nabożeństwo poświęcone świadomości, wyzwoleniu i mocy – dla jednostek, rodzin i narodów gotowych na wolność* to nie tylko nabożeństwo — to 40-dniowe globalne spotkanie wyzwolenia dla **prezydentów, premierów, pastorów, pracowników Kościoła, dyrektorów generalnych, rodziców, nastolatków i każdego wierzącego,** który nie chce żyć w cichej porażce.

Te pełne mocy 40-dniowe nabożeństwa poświęcone są *walce duchowej, uwolnieniu od ołtarzy przodków, zerwaniu więzów duszy, ujawnieniu okultyzmu oraz globalnym świadectwom byłych czarownic, byłych satanistów* i tych, którzy pokonali moce ciemności.

Niezależnie od tego, czy **przewodzisz krajowi**, jesteś **pastorem w kościele**, **prowadzisz firmę** czy **walczysz o swoją rodzinę w komnacie modlitewnej**, ta książka obnaży to, co było ukryte, zmierzy się z tym, co było ignorowane i doda ci sił, abyś mógł się uwolnić.

40-dniowe globalne nabożeństwo poświęcone świadomości, wyzwoleniu i mocy

Na tych stronach zmierzysz się z:

- Klątwy linii krwi i przymierza przodków
- Małżonkowie duchowi, duchy morskie i manipulacja astralna
- Masoneria, kabała, przebudzenia kundalini i ołtarze czarownic
- Poświęcenia dzieci, inicjacje prenatalne i demoniczni tragarze
- Infiltracja mediów, trauma seksualna i fragmentacja duszy
- Tajne stowarzyszenia, demoniczna sztuczna inteligencja i fałszywe ruchy odrodzeniowe

Każdy dzień obejmuje:
- *Prawdziwą historię lub globalny wzorzec*
- *Wgląd oparty na Piśmie Świętym*
- *Zastosowania grupowe i osobiste*
- *Modlitwę o uwolnienie + dziennik refleksji*

Ta książka jest dla Ciebie, jeśli:

- Prezydent **lub decydent polityczny** poszukujący duchowej jasności i ochrony dla swojego narodu
- Pastor **, orędownik lub pracownik kościoła** walczący z niewidzialnymi siłami, które sprzeciwiają się wzrostowi i czystości
- Dyrektor **generalny lub lider biznesowy** w obliczu niewytłumaczalnej wojny i sabotażu
- Nastolatek **lub uczeń** dręczony snami, udrękami lub dziwnymi zdarzeniami
- Rodzic **lub opiekun** zauważający wzorce duchowe w Twojej linii krwi
- Chrześcijański **przywódca** zmęczony niekończącymi się cyklami modlitw bez przełomu
- Albo po prostu **wierzący, gotowy przejść od przetrwania do zwycięskiego panowania**

Dlaczego ta książka?

Bo w czasach, gdy ciemność przybiera maskę światła, **wybawienie nie jest już opcjonalne**.

A władza należy do tych, którzy są poinformowani, wyposażeni i poddani.

Napisane przez Zachariasa Godseagle'a , Ambasadora Mondaya O. Ogbe'a i Comfort Ladi Panie Ogbe, to jest coś więcej niż tylko nauczanie — to **globalny sygnał ostrzegawczy** dla Kościoła, rodziny i narodów, by powstać i stawić czoła — nie ze strachu, ale z **mądrością i autorytetem**.

Nie możesz nauczać tego, czego sam nie przekazałeś. I nie możesz panować, dopóki nie wyrwiesz się z uścisku ciemności.

Przełam cykle. Zmierz się z ukrytym. Odzyskaj swoje przeznaczenie – dzień po dniu.

Tekst tylnej okładki

OD CIEMNOŚCI DO DOMINIONU
40 dni na uwolnienie się z ukrytego uścisku ciemności
Globalne nabożeństwo świadomości, wyzwolenia i mocy

Czy jesteś **prezydentem**, **pastorem**, **rodzicem** lub osobą **wierzącą**, która modli się i pragnie trwałej wolności i przełomu?

To nie tylko nabożeństwo. To 40-dniowa podróż przez nieznane pola bitewne przymierzy **przodków, okultystycznego zniewolenia, duchów morskich, fragmentacji duszy, infiltracji mediów i nie tylko**. Każdy dzień przynosi prawdziwe świadectwa, globalne manifestacje i praktyczne strategie wyzwolenia.

Odkryjesz:

- Jak otwierają się bramy duchowe i jak je zamknąć
- Ukryte źródła powtarzających się opóźnień, udręk i niewoli
- Potężne codzienne modlitwy, refleksje i aplikacje grupowe
- Jak osiągnąć **panowanie**, a nie tylko wyzwolenie

Od **ołtarzy czarownic** w Afryce po **oszustwa New Age** w Ameryce Północnej... od **tajnych stowarzyszeń** w Europie po **przymierza krwi** w Ameryce Łacińskiej — **ta książka obnaża to wszystko**.

DARKNESS TO DOMINION to Twoja mapa drogowa do wolności, napisana dla **pastorów, liderów, rodzin, nastolatków, profesjonalistów, dyrektorów generalnych** i każdego, kto ma dość przechodzenia przez wojnę bez zwycięstwa.

„Nie możesz nauczać tego, czego sam nie przekazałeś. I nie możesz panować, dopóki nie wyrwiesz się z uścisku ciemności".

Jednoakapitowa promocja w mediach (w prasie/e-mailu/reklamie)

„OD CIEMNOŚCI DO DOMINIONU: 40 DNI, BY UWOLNIĆ SIĘ Z Ukrytego Uścisku Ciemności" to globalna książka o nabożeństwie, która ujawnia, jak wróg infiltruje ludzkie życie, rodziny i narody poprzez ołtarze, linie krwi, tajne stowarzyszenia, okultystyczne rytuały i codzienne kompromisy. Z historiami z każdego kontynentu i sprawdzonymi w boju strategiami wyzwolenia, ta książka jest przeznaczona dla prezydentów i pastorów, prezesów i nastolatków, gospodyń domowych i duchowych wojowników – dla każdego, kto desperacko pragnie trwałej wolności. Nie służy tylko do czytania – służy do zerwania łańcuchów.

Sugerowane tagi

- nabożeństwo o wyzwoleniu
- walka duchowa
- świadectwa byłych okultystów
- modlitwa i post
- przełamywanie klątw pokoleniowych
- wolność od ciemności
- Chrześcijański autorytet duchowy
- morskie duchy
- oszustwo kundalini
- tajne stowarzyszenia ujawnione
- 40-dniowa dostawa

 # Hashtagi dla kampanii
#CiemnośćDoDominion
#NabożeństwoWyzwolenia

#PrzełamŁańcuchy
#WolnośćPrzezChrystusa
#GlobalnePrzebudzenie
#UkryteBitwyWystawione
#MódlciesięOUwolnienie
#KsiążkaWojnyDuchowej
#ZCiemnościDoŚwiatła
#WładzaKrólestwa
#Koniec z niewolą
#ŚwiadectwaExOkultystów
#OstrzeżenieKundalini
#MarineSpiritsExposed
#40DniWolności

Poświęcenie

Temu, który powołał nas z ciemności do swojego cudownego światła – **Jezusowi Chrystusowi** , naszemu Wybawicielowi, Nosicielowi Światła i Królowi Chwały.

Do każdej duszy wołającej w milczeniu – uwięzionej przez niewidzialne łańcuchy, nawiedzanej przez sny, dręczonej głosami i zmagającej się z ciemnością w miejscach, gdzie nikt jej nie widzi – ta podróż jest dla ciebie.

Do **pastorów** , **orędowników** i **strażników na murze** ,

Do **matek** modlących się całą noc i do **ojców** , którzy nie chcą się poddać,

Do **młodego chłopca** , który widzi zbyt wiele i do **małej dziewczynki** naznaczonej złem zbyt wcześnie,

Do **dyrektorów generalnych** , **prezydentów** i **decydentów** niosących niewidzialne ciężary za publiczną władzą,

Do **pracowników Kościoła** zmagających się z tajnym zniewoleniem i **duchowego wojownika** , który odważy się walczyć —

to jest wasze powołanie, abyście powstali.

A tym odważnym, którzy podzielili się swoimi historiami – dziękuję. Wasze blizny teraz uwalniają innych.

Niech to nabożeństwo oświetli drogę przez cienie i poprowadzi wielu ku panowaniu, uzdrowieniu i świętemu ogniowi.

Nie jesteś zapomniany. Nie jesteś bezsilny. Narodziłeś się dla wolności.

— *Zacharias Godseagle* , *Ambasador Monday O. Ogbe i Comfort Ladi Ogbe*

Podziękowanie

Przede wszystkim, oddajemy cześć **Bogu Wszechmogącemu – Ojcu, Synowi i Duchowi Świętemu**, Autorowi Światła i Prawdy, który otworzył nam oczy na niewidzialne bitwy toczące się za zamkniętymi drzwiami, zasłonami, ambonami i mównicami. Jezusowi Chrystusowi, naszemu Wybawicielowi i Królowi, oddajemy całą chwałę.

Do odważnych mężczyzn i kobiet na całym świecie, którzy podzielili się swoimi historiami cierpienia, triumfu i transformacji – wasza odwaga rozpaliła globalną falę wolności. Dziękuję za przerwanie milczenia.

Do posług i strażników na murach, którzy trudzili się w ukryciu – nauczając, wstawiając się, wybawiając i rozeznając – oddajemy hołd Waszej wytrwałości. Wasze posłuszeństwo wciąż burzy twierdze i demaskuje oszustwo na wyżynach.

Naszym rodzinom, partnerom modlitewnym i zespołom wsparcia, którzy byli z nami, gdy przedzieraliśmy się przez duchowe gruzy, aby odkryć prawdę — dziękujemy za Waszą niezachwianą wiarę i cierpliwość.

Do badaczy, świadków na YouTubie, sygnalistów i wojowników królestwa, którzy ujawniają mrok za pośrednictwem swoich platform — wasza odwaga wzbogaciła tę pracę o wiedzę, objawienia i poczucie pilności.

Do **Ciała Chrystusa** : ta książka jest również Wasza. Niech obudzi w Was święte postanowienie, by być czujnym, wnikliwym i nieustraszonym. Piszemy nie jako eksperci, ale jako świadkowie. Nie stoimy jako sędziowie, ale jako odkupieni.

Na koniec, do **czytelników tego nabożeństwa** — poszukiwaczy, wojowników, pastorów, duchownych wyzwolenia, ocalałych i miłośników prawdy z każdego narodu — oby każda strona dodała wam sił do przejścia **od ciemność do panowania** .

— **Zacharias Godseagle**

— Ambasador Monday O. Ogbe
— Comfort Ladi Ogbe

Do Czytelnika

To nie jest zwykła książka. To wezwanie.
Wezwanie do odkrycia tego, co od dawna pozostawało ukryte – do konfrontacji z niewidzialnymi siłami kształtującymi pokolenia, systemy i dusze. Niezależnie od tego, czy jesteś **młodym poszukiwaczem**, **pastorem wyczerpanym bitwami, których nie potrafisz nazwać**, **liderem biznesu zmagającym się z nocnymi koszmarami**, czy **głową państwa w obliczu nieustającej ciemności narodowej**, ten nabożeństwo będzie Twoim **przewodnikiem, który pomoże Ci wyjść z cienia**.

Do **jednostki**: Nie jesteś szalony. To, co czujesz – w snach, w atmosferze, w linii krwi – może rzeczywiście być duchowe. Bóg nie jest tylko uzdrowicielem; On jest wybawicielem.

Do **rodziny**: Ta 40-dniowa podróż pomoże ci zidentyfikować schematy, które od dawna nękają twoją rodzinę — uzależnienia, przedwczesne zgony, rozwody, bezpłodność, cierpienia psychiczne, nagłe ubóstwo — i wyposaży cię w narzędzia, które pomogą ci się z nimi rozprawić.

Do **przywódców Kościoła i pastorów**: Niech to obudzi w nich głębsze rozeznanie i odwagę do konfrontacji ze światem duchowym z ambony, a nie tylko z podium. Uwolnienie nie jest opcjonalne. Jest częścią Wielkiego Nakazu Misyjnego.

Do **prezesów, przedsiębiorców i profesjonalistów**: Duchowe przymierza obowiązują również w salach konferencyjnych. Poświęćcie swój biznes Bogu. Zburzcie ołtarze przodków, które skrywają się pod płaszczykiem szczęścia w biznesie, paktów krwi czy przychylności masonów. Budujcie czystymi rękami.

Do **strażników i orędowników**: Wasza czujność nie poszła na marne. Ten zasób jest bronią w waszych rękach – dla waszego miasta, waszego regionu, waszego narodu.

Do **prezydentów i premierów**, jeśli to kiedykolwiek trafi na wasze biurko: narodami nie rządzą tylko polityki. Rządzą nimi ołtarze – wznoszone w tajemnicy lub publicznie. Dopóki nie zostaną poruszone ukryte fundamenty, pokój pozostanie nieuchwytny. Niech to nabożeństwo pobudzi was do pokoleniowej reformy.

Do **młodego mężczyzny lub kobiety** czytających to w chwili rozpaczy: Bóg cię widzi. Wybrał cię. I wyciąga cię z tego – na dobre.

To Twoja podróż. Dzień po dniu. Łańcuch po łańcuchu.

Od Ciemności do Dominium — nadszedł twój czas.

Jak korzystać z tej książki

„**FROM DARKNESS TO DOMINION: 40 Days to Break Free from the Hidden Grip of Darkness**" to coś więcej niż książka nabożna – to podręcznik wyzwolenia, duchowy detoks i obóz szkoleniowy dla wojowników. Niezależnie od tego, czy czytasz ją samotnie, w grupie, w kościele, czy jako lider prowadzący innych, oto jak najlepiej wykorzystać tę pełną mocy 40-dniową podróż:

Codzienny rytm

Każdy dzień ma spójną strukturę, która pomaga zaangażować ducha, duszę i ciało:

- **Główne nauczanie nabożeństw** – temat objawienia obnażający ukrytą ciemność.
- **Kontekst globalny** – w jaki sposób ta twierdza przejawia się na całym świecie.
- **Historie z życia wzięte** – prawdziwe spotkania z ludźmi wybawionymi z różnych kultur.
- **Plan działania** – osobiste ćwiczenia duchowe, wyrzeczenia lub deklaracje.
- **Zastosowanie grupowe** – do stosowania w małych grupach, rodzinach, kościołach lub zespołach uwalniających.
- **Kluczowe spostrzeżenia** – skrócona wersja, którą warto zapamiętać i nad którą warto się modlić.
- **Dziennik refleksji** – pytania sercowe pozwalające głęboko przetworzyć każdą prawdę.
- **Modlitwa o wybawienie** – modlitwa ukierunkowana na walkę duchową, mająca na celu zburzenie twierdz.

Czego będziesz potrzebować

- Twoja **Biblia**
- dziennik **lub notatnik**
- **Olejek do namaszczania** (opcjonalny, ale skuteczny podczas modlitw)
- Gotowość do **postu i modlitwy** zgodnie z prowadzeniem Ducha
- **Partner odpowiedzialny lub zespół modlitewny** w przypadku głębszych przypadków

Jak korzystać z grup lub kościołów

- Spotykajcie się **codziennie lub co tydzień,** aby omawiać swoje spostrzeżenia i wspólnie prowadzić modlitwy.
- Zachęcaj członków do wypełniania **Dziennika Refleksji** przed sesjami grupowymi.
- Skorzystaj z sekcji **„Aplikacje grupowe"**, aby zainicjować dyskusję, wyznanie lub wspólną chwilę wyzwolenia.
- Wyznacz przeszkolonych liderów, którzy poradzą sobie z intensywniejszymi przejawami.

Dla pastorów, liderów i duchownych zajmujących się wyzwoleniem

- Nauczaj codziennych tematów z ambony lub w szkołach przygotowujących do uwolnienia.
- Przygotuj swój zespół do korzystania z tego materiału jako przewodnika doradczego.
- Dostosuj sekcje w zależności od potrzeb, np. do mapowania duchowego, spotkań odnowy biologicznej lub miejskich akcji modlitewnych.

Załączniki do eksploracji
Na końcu książki znajdziesz przydatne materiały dodatkowe, w tym:

1. **Codzienne wyznanie całkowitego wyzwolenia** – wypowiadaj je na

głos każdego ranka i wieczora.
2. **Poradnik wyrzeczenia się mediów** – oczyść swoje życie z duchowego skażenia rozrywką.
3. **Modlitwa o rozeznanie ukrytych ołtarzy w kościołach** – za orędowników i pracowników Kościoła.
4. **Skrypt dotyczący masonerii, kabały, kundalini i okultystycznego wyrzeczenia** – potężne modlitwy pokutne.
5. **Lista kontrolna masowego wyzwolenia** – Używaj podczas krucjat, wspólnot domowych lub osobistych rekolekcji.
6. **Linki do filmów ze świadectwami**

Przedmowa

Toczy się wojna – niewidzialna, niewypowiedziana, ale niezwykle realna – która szaleje o dusze mężczyzn, kobiet, dzieci, rodzin, społeczności i narodów.

Ta książka zrodziła się nie z teorii, lecz z ognia. Z płaczących sal wyzwolenia. Ze świadectw szeptanych w cieniu i wykrzykiwanych z dachów. Z dogłębnych studiów, globalnego wstawiennictwa i świętej frustracji z powierzchownym chrześcijaństwem, które nie radzi sobie z **korzeniami ciemności,** wciąż dręczącymi wierzących.

Zbyt wielu ludzi przyszło do krzyża, ale wciąż ciągnie za sobą kajdany. Zbyt wielu pastorów głosi wolność, jednocześnie dręczeni przez demony pożądania, strachu lub przymierzy przodków. Zbyt wiele rodzin tkwi w kręgu – ubóstwa, perwersji, uzależnienia, bezpłodności, wstydu – i **nie wie dlaczego** . A zdecydowanie zbyt wiele kościołów unika rozmów o demonach, czarach, ołtarzach krwi czy uwolnieniu, ponieważ jest to „zbyt intensywne".

Ale Jezus nie unikał ciemności – On **stawiał jej czoła** .

Nie ignorował demonów – On **je wypędzał** .

I nie umarł tylko po to, by ci przebaczyć – umarł, by **cię uwolnić** .

To 40-dniowe globalne nabożeństwo to nie zwykłe studium Biblii. To **duchowa sala operacyjna** . Dziennik wolności. Mapa wyjścia z piekła dla tych, którzy czują się uwięzieni między zbawieniem a prawdziwą wolnością. Niezależnie od tego, czy jesteś nastolatkiem spętanym pornografią, Pierwszą Damą dręczoną snami o wężach, premierem dręczonym poczuciem winy odziedziczonym po przodkach, prorokiem skrywającym sekretne więzy, czy dzieckiem budzącym się z demonicznych snów – ta podróż jest dla ciebie.

Znajdziesz historie z całego świata – Afryki, Azji, Europy, Ameryki Północnej i Południowej – wszystkie potwierdzające jedną prawdę: **diabeł nie**

ma względu na osoby . Ale Bóg też nie. A to, co uczynił dla innych, może uczynić dla ciebie.

Ta książka została napisana dla:

- **Osoby** poszukujące osobistego wyzwolenia
- **Rodziny** potrzebujące uzdrowienia pokoleniowego
- **Pastorzy** i pracownicy kościoła potrzebują wyposażenia
- **Przywódcy biznesu** toczą duchową walkę na wysokich stanowiskach
- **Narody** wołające o prawdziwe odrodzenie
- **Młodzież** , która nieświadomie otworzyła drzwi
- **Słudzy wyzwolenia** , którzy potrzebują struktury i strategii
- A nawet **ci, którzy nie wierzą w demony** – dopóki nie przeczytają swojej historii na tych stronach

Czekają cię wyzwania. Ale jeśli pozostaniesz na ścieżce, również ulegniesz **przemianie** .

Nie wyrwiesz się po prostu.

Będziesz **kroczył w panowaniu** .

Zacznijmy.

— *Zacharias Godseagle , ambasador Monday O. Ogbe i Comfort Ladi Ogbe*

Przedmowa

W narodach narasta poruszenie. Wstrząs w sferze duchowej. Od ambon po parlamenty, od salonów po podziemne kościoły, ludzie na całym świecie budzą się do przerażającej prawdy: niedoceniliśmy zasięgu wroga – i źle zrozumieliśmy autorytet, który nosimy w Chrystusie.

„*From Darkness to Dominion*" to nie tylko nabożeństwo; to donośny głos. Prorocki podręcznik. Koło ratunkowe dla udręczonych, uwięzionych i szczerych wierzących, którzy zastanawiają się: „Dlaczego wciąż jestem w kajdanach?".

Jako osoba, która była świadkiem przebudzenia i wyzwolenia w różnych narodach, wiem z pierwszej ręki, że Kościołowi nie brakuje wiedzy – brakuje nam duchowej **świadomości**, **odwagi** i **dyscypliny**. Ta praca wypełnia tę lukę. Łączy ona globalne świadectwa, dobitną prawdę, praktyczne działania i moc krzyża w 40-dniową podróż, która otrząśnie uśpione życie i rozpali ogień w zmęczonych.

Dla pastora, który odważa się stawić czoła ołtarzom, dla młodego dorosłego, który w milczeniu walczy z demonicznymi snami, dla właściciela firmy uwikłanego w niewidzialne przymierza i dla lidera, który wie, że coś jest *duchowo nie tak,* ale nie potrafi tego nazwać — ta książka jest dla ciebie.

Namawiam was, abyście nie czytali tego biernie. Niech każda strona poruszy waszego ducha. Niech każda historia zrodzi wojnę. Niech każda deklaracja wyćwiczy wasze usta, by mówiły ogniem. A kiedy już przejdziecie przez te 40 dni, nie tylko świętujcie swoją wolność – stańcie się narzędziem wolności innych.

Ponieważ prawdziwe panowanie nie polega tylko na ucieczce przed ciemnością...

Jest ono nawróceniem się i wciągnięciem innych w światło.

Władzą i mocą Chrystusa,

Ambasador Ogbe

Wstęp

OD CIEMNOŚCI DO DOMINION: 40 dni na uwolnienie się z ukrytego uścisku ciemności to nie tylko kolejna książka religijna — to ogólnoświatowy sygnał ostrzegawczy.

Na całym świecie – od wiosek po pałace prezydenckie, od ołtarzy kościelnych po sale konferencyjne – mężczyźni i kobiety wołają o wolność. Nie tylko o zbawienie. **O wyzwolenie. O jasność. O przełom. O pełnię. O pokój. O siłę.**

Ale prawda jest taka: nie możesz odrzucić tego, co tolerujesz. Nie możesz uwolnić się od tego, czego nie widzisz. Ta książka jest twoim światłem w tej ciemności.

Przez 40 dni będziesz poznawać nauki, historie, świadectwa i podejmować strategiczne działania, które obnażą ukryte działania ciemności i dadzą ci siłę do przezwyciężenia ich – duchem, duszą i ciałem.

Niezależnie od tego, czy jesteś pastorem, dyrektorem generalnym, misjonarzem, orędownikiem, nastolatkiem, matką czy głową państwa, treść tej książki postawi cię przed trudnym wyborem. Nie po to, by cię zawstydzić, ale by cię wyzwolić i przygotować do prowadzenia innych ku wolności.

To **ogólnoświatowe nabożeństwo o charakterze uświadamiającym, wyzwalającym i dającym moc** — zakorzenione w Piśmie Świętym, wzmocnione prawdziwymi historiami i przesiąknięte krwią Jezusa.

Jak korzystać z tego materiału nabożeństw

1. **Zacznij od 5 podstawowych rozdziałów**
   . Te rozdziały stanowią fundament. Nie pomijaj ich. Pomogą ci zrozumieć duchową architekturę ciemności i władzę, którą ci dano, by się ponad nią wznieść.
2. **Świadomie przechodź przez każdy dzień**
   Każdy wpis zawiera temat przewodni, globalne manifestacje,

prawdziwą historię, fragmenty Pisma Świętego, plan działania, pomysły na zastosowanie w grupie, kluczowe spostrzeżenia, podpowiedzi do dziennika i potężną modlitwę.

3. **Zamykaj każdy dzień codzienną deklaracją 360°**
Ta potężna deklaracja, która znajduje się na końcu książki, ma na celu wzmocnienie twojej wolności i ochronę twoich duchowych bram.

4. **Stosuj samodzielnie lub w grupie Niezależnie**
od tego, czy przechodzisz przez to indywidualnie, czy w grupie, we wspólnocie domowej, zespole wstawienniczym czy posłudze uwolnienia — pozwól Duchowi Świętemu kierować tempem i spersonalizować plan bitwy.

5. **Spodziewaj się sprzeciwu – a Przełomowy**
Opór nadejdzie. Ale wolność też nadejdzie. Wyzwolenie to proces, a Jezus jest zdecydowany przejść go razem z tobą.

ROZDZIAŁY PODSTAWOWE (Przeczytaj przed 1. dniem)

1. Początki Królestwa Ciemności
Od buntu Lucyfera po pojawienie się demonicznych hierarchii i duchów terytorialnych, ten rozdział przedstawia biblijną i duchową historię ciemności. Zrozumienie, gdzie się zaczęła, pomoże ci zrozumieć, jak działa.

2. Jak funkcjonuje dziś Mroczne Królestwo
Od przymierzy i krwawych ofiar po ołtarze, duchy morskie i technologiczną infiltrację – ten rozdział odkrywa współczesne oblicza starożytnych duchów, w tym to, w jaki sposób media, trendy, a nawet religia mogą służyć jako kamuflaż.

3. Punkty wejścia: jak ludzie się uzależniają
Nikt nie rodzi się w niewoli przez przypadek. Ten rozdział analizuje takie wrota jak trauma, ołtarze przodków, ujawnienie czarów, więzy duszy, okultystyczna ciekawość, masoneria, fałszywa duchowość i praktyki kulturowe.

4. Manifestacje: od opętania do obsesji
Jak wygląda niewola? Od koszmarów po opóźnienia małżeńskie, bezpłodność, uzależnienie, wściekłość, a nawet „święty śmiech" – ten rozdział pokazuje, jak demony maskują się pod postacią problemów, talentów lub osobowości.

5. Moc Słowa: Autorytet wierzących

Zanim rozpoczniemy 40-dniową walkę, musisz zrozumieć swoje prawa w Chrystusie. Ten rozdział wyposaża cię w prawa duchowe, broń bojową, protokoły biblijne i język wyzwolenia.

OSTATNIE ZACHĘTY PRZED ROZPOCZĘCIEM
Bóg nie wzywa cię do *panowania* nad ciemnością.
Wzywa cię do **panowania nad** nią.
Nie siłą, nie mocą, ale Jego Duchem.
Niech te następne 40 dni będą czymś więcej niż modlitwą.
Niech będą pogrzebem dla każdego ołtarza, który kiedyś tobą władał... i koronacją do przeznaczenia, które Bóg ci przeznaczył.
Twoja podróż ku panowaniu zaczyna się teraz.

ROZDZIAŁ 1: POCZĄTKI CIEMNEGO KRÓLESTWA

„**A**lbowiem nie toczymy boju przeciw krwi i ciału, lecz przeciw zwierzchnościom, przeciw władzom, przeciw rządcom świata tych ciemności, przeciw duchowym siłom zła w okręgach niebieskich." — Efezjan 6:12

Na długo przed tym, zanim ludzkość wkroczyła na scenę czasu, w niebiosach wybuchła niewidzialna wojna. Nie była to wojna na miecze i karabiny, lecz bunt – zdrada świętości i autorytetu Najwyższego Boga . Biblia odsłania tę tajemnicę poprzez liczne fragmenty, które nawiązują do upadku jednego z najpiękniejszych aniołów Bożych – **Lucyfera** , Jaśniejącego – który odważył się wywyższyć ponad tron Boga (Izajasza 14:12–15; Ezechiela 28:12–17).

Ten kosmiczny bunt dał początek **Mrocznemu Królestwu** — krainie duchowego oporu i oszustwa, składającej się z upadłych aniołów (obecnie demonów), księstw i mocy, które sprzeciwiły się woli Boga i Jego ludowi.

Upadek i powstanie ciemności

LUCYFER NIE ZAWSZE był zły. Został stworzony w doskonałości mądrości i piękna. Ale pycha zawładnęła jego sercem, a pycha przerodziła się w bunt. Zwiódł jedną trzecią aniołów niebieskich, aby poszli za nim (Obj. 12:4), i zostali wyrzuceni z nieba. Ich nienawiść do ludzkości ma swoje korzenie w zazdrości – ponieważ ludzkość została stworzona na obraz Boga i otrzymała władzę.

Tak rozpoczęła się wojna pomiędzy **Królestwem Światła** a **Królestwem Ciemności** – niewidzialny konflikt, który dotyka każdą duszę, każdy dom i każdy naród.

Globalny wyraz Królestwa Ciemności

CHOĆ NIEWIDOCZNY, WPŁYW tego mrocznego królestwa jest głęboko zakorzeniony w:

- **Tradycje kulturowe** (kult przodków, krwawe ofiary, tajne stowarzyszenia)
- **Rozrywka** (przekazy podprogowe, muzyka okultystyczna i pokazy)
- **Rządy** (korupcja, pakty krwi, przysięgi)
- **Technologia** (narzędzia do uzależnień, kontroli, manipulacji umysłem)
- **Edukacja** (humanizm, relatywizm, fałszywe oświecenie)

Od afrykańskiego juju po zachodni mistycyzm New Age, od kultu dżinnów z Bliskiego Wschodu po południowoamerykański szamanizm, formy różnią się, ale **duch jest ten sam** — oszustwo, dominacja i zniszczenie.

Dlaczego ta książka jest teraz ważna

NAJWIĘKSZĄ SZTUCZKĄ Szatana jest wmówienie ludziom, że on nie istnieje — lub, co gorsza, że jego metody są nieszkodliwe.

To nabożeństwo jest **podręcznikiem duchowej inteligencji** — podnosi zasłonę, demaskuje jego intrygi i daje wierzącym na całym świecie siłę, by:

- **Rozpoznawanie** punktów wejścia
- **Wyrzeknij się** ukrytych przymierzy
- **Stawiaj** opór autorytetem
- **Odzyskaj** to, co zostało skradzione

Urodziłeś się w bitwie

TO NIE JEST NABOŻEŃSTWO dla osób o słabych nerwach. Urodziłeś się na polu bitwy, a nie na placu zabaw. Ale dobra nowina jest taka: **Jezus już wygrał wojnę!**

„Rozbroił zwierzchności i władze, i zawstydził je, odniósłszy w Nim triumf nad nimi." — Kolosan 2:15

Nie jesteś ofiarą. Jesteś kimś więcej niż zwycięzcą dzięki Chrystusowi. Obnażmy ciemność – i śmiało wejdźmy w światło.

Kluczowe spostrzeżenia

Źródłem ciemności jest pycha, bunt i odrzucenie władzy Boga. Te same nasiona wciąż działają w sercach ludzi i systemów. Aby zrozumieć walkę duchową, musimy najpierw zrozumieć, jak rozpoczął się bunt.

Dziennik refleksji

- Czy uważałem walkę duchową za przesąd?
- Jakie praktyki kulturowe lub rodzinne stały się normą, a które mogą mieć związek z dawną rebelią?
- Czy naprawdę rozumiem wojnę, w której się urodziłem?

Modlitwa o oświecenie

Ojcze Niebieski, objaw mi ukryte korzenie buntu wokół i we mnie. Ujawnij kłamstwa ciemności, w które mogłem nieświadomie się wciągnąć. Niech Twoja prawda zajaśnieje w każdym mrocznym miejscu. Wybieram Królestwo Światłości. Wybieram kroczenie w prawdzie, mocy i wolności. W imię Jezusa. Amen.

ROZDZIAŁ 2: JAK DZIAŁA DZISIAJ CIEMNE KRÓLESTWO

„A*by nas nie podstępem nie oszukał szatan, którego knowania są nam dobrze znane*". — 2 Koryntian 2:11

Królestwo ciemności nie działa chaotycznie. Jest dobrze zorganizowaną, głęboko zakorzenioną infrastrukturą duchową, odzwierciedlającą strategię militarną. Jej celem jest infiltracja, manipulacja, kontrola i ostatecznie zniszczenie. Tak jak Królestwo Boże ma rangę i porządek (apostołowie, prorocy itd.), tak samo królestwo ciemności – z zwierzchnościami, mocami, władcami ciemności i duchową niegodziwością na wyżynach (Efezjan 6:12).

Mroczne Królestwo to nie mit. To nie folklor ani religijny przesąd. To niewidzialna, ale realna sieć duchowych agentów, którzy manipulują systemami, ludźmi, a nawet kościołami, by realizować plany Szatana. Choć wielu wyobraża sobie widły i czerwone rogi, prawdziwe działanie tego królestwa jest o wiele bardziej subtelne, systematyczne i złowrogie.

1. Oszustwo jest ich walutą

Wróg handluje kłamstwami. Od Ogrodu Eden (Rdz 3) po współczesne filozofie, taktyka Szatana zawsze koncentrowała się na sianiu wątpliwości w Słowie Bożym. Dzisiaj oszustwo przybiera formę:

- *Nauki New Age przebrane za oświecenie*
- *Praktyki okultystyczne maskowane jako duma kulturowa*
- *Czarostwo gloryfikowane w muzyce, filmach, kreskówkach i trendach mediów społecznościowych*

Ludzie nieświadomie uczestniczą w rytuałach lub konsumują treści medialne, które otwierają drzwi duchowości bez rozeznania.

2. Hierarchiczna struktura zła

Podobnie jak Królestwo Boże ma porządek, tak i mroczne królestwo działa według określonej hierarchii:

- **Księstwa** – duchy terytorialne wpływające na narody i rządy
- **Moce** – Agenci, którzy wymuszają zło za pomocą demonicznych systemów
- **Władcy Ciemności** – Koordynatorzy duchowej ślepoty, bałwochwalstwa, fałszywej religii
- **Duchowe zło na wysokich stanowiskach** – elitarne byty wpływające na globalną kulturę, bogactwo i technologię

Każdy demon specjalizuje się w określonych zadaniach – strachu, uzależnieniu, zboczeniach seksualnych, zagubieniu, pysze, podziałach.

3. Narzędzia kontroli kulturowej

Diabeł nie musi już pojawiać się fizycznie. Teraz to kultura przejmuje ciężar tej pracy. Jego dzisiejsze strategie obejmują:

- **Podprogowe przekazy:** muzyka, programy, reklamy pełne ukrytych symboli i odwróconych komunikatów
- **Odwrażliwienie:** powtarzające się narażenie na grzech (przemoc, nagość, wulgaryzmy) aż do momentu, gdy stanie się to „normalne"
- **Techniki kontroli umysłu:** poprzez hipnozę medialną, manipulację emocjonalną i uzależniające algorytmy

To nie przypadek. To strategie mające na celu osłabienie przekonań moralnych, zniszczenie rodzin i redefinicję prawdy.

4. Umowy pokoleniowe i linie krwi

Poprzez sny, rytuały, poświęcenia lub pakty z przodkami, wielu ludzi nieświadomie wiąże się z ciemnością. Szatan wykorzystuje to w następujący sposób:

- Ołtarze rodzinne i bożki przodków
- Ceremonie nadawania imion przywołujące duchy
- Tajemne rodzinne grzechy i przekazywane z pokolenia na pokolenie klątwy

Stwarzają one podstawy prawne dla cierpienia, dopóki przymierze nie zostanie złamane krwią Jezusa.

5. Fałszywe cuda, fałszywi prorocy
Mroczne Królestwo kocha religię – zwłaszcza jeśli brakuje jej prawdy i mocy. Fałszywi prorocy, zwodnicze duchy i fałszywe cuda zwodzą masy:
„Sam bowiem szatan przybiera postać anioła światłości" – 2 Koryntian 11:14
Wielu ludzi dzisiaj podąża za głosami, które łechcą ich uszy, ale krępują ich dusze.

Kluczowe spostrzeżenia
Diabeł nie zawsze jest głośny – czasami szepcze, idąc na kompromis. Najskuteczniejszą taktyką Mrocznego Królestwa jest przekonywanie ludzi, że są wolni, podczas gdy są subtelnie zniewoleni.

Dziennik refleksji:

- Gdzie w swojej społeczności lub kraju widziałeś tego typu działania?
- Czy są jakieś programy, muzyka, aplikacje lub rytuały, które uznałeś za normalne, a które w rzeczywistości mogą być narzędziami manipulacji?

Modlitwa o świadomość i pokutę:
Panie Jezu, otwórz moje oczy, abym widział działania wroga. Ujawnij każde kłamstwo, w które uwierzyłem. Przebacz mi za każde drzwi, które otworzyłem, świadomie lub nieświadomie. Zrywam umowę z ciemnością i wybieram Twoją prawdę, Twoją moc i Twoją wolność. W imię Jezusa. Amen.

ROZDZIAŁ 3: PUNKTY WEJŚCIA – JAK LUDZIE SIĘ UZALEŻNIAJĄ

„*Nie dawajcie diabłu przystępu*" – Efezjan 4:27

W każdej kulturze, pokoleniu i domu istnieją ukryte otwory – bramy, przez które wdziera się duchowa ciemność. Te punkty wejścia mogą wydawać się na pierwszy rzut oka niegroźne: dziecięca zabawa, rodzinny rytuał, książka, film, nierozwiązana trauma. Ale raz otwarte, stają się legalnym gruntem dla demonicznych wpływów.

Wspólne punkty wejścia

1. **Przymierza Krwi** – Przysięgi przodków, rytuały i bałwochwalstwo, które przekazują kontakt ze złymi duchami.
2. **Wczesny kontakt z okultyzmem** – Tak jak w historii *Lourdes Valdivia* z Boliwii, dzieci wystawione na kontakt z czarami, spirytyzmem lub rytuałami okultystycznymi często stają się duchowo zagrożone.
3. **Media i muzyka** – Piosenki i filmy gloryfikujące mrok, zmysłowość i bunt mogą w subtelny sposób przywoływać duchowy wpływ.
4. **Trauma i nadużycia** – nadużycia seksualne, brutalne traumatyczne przeżycia lub odrzucenie mogą otworzyć duszę na uciskające duchy.
5. **Grzech seksualny i więzy dusz** – Nielegalne związki seksualne często tworzą więzy duchowe i przenoszenie duchów.
6. **New Age i fałszywa religia** – kryształy, joga, przewodnicy duchowi, horoskopy i „białe czary" to zawoalowane zaproszenia.
7. **Gorycz i brak przebaczenia** – dają one demonicznym duchom prawne prawo do dręczenia (patrz Ewangelia Mateusza 18:34).

Najważniejsze wydarzenie ze światowego świadectwa: *Lourdes Valdivia (Boliwia)*

W wieku zaledwie 7 lat Lourdes zetknęła się z czarami dzięki swojej matce, wieloletniej okultystce. Jej dom był pełen symboli, kości z cmentarzy i magicznych ksiąg. Doświadczyła projekcji astralnych, głosów i udręki, zanim w końcu odnalazła Jezusa i została uwolniona. Jej historia jest jedną z wielu – dowodzi, jak wczesne zetknięcie z czarami i wpływy pokoleniowe otwierają drzwi do duchowego zniewolenia.

Odnośnik do Greater Exploits:

Historie o tym, jak ludzie nieświadomie otwierali drzwi poprzez „niegroźne" działania — tylko po to, by wpaść w sidła ciemności — można znaleźć w tomach *Greater Exploits 14* i *Delivered from the Power of Darkness* (patrz dodatek).

Kluczowe spostrzeżenia

Wróg rzadko wkracza do środka. Czeka, aż ktoś uchyli drzwi. To, co wydaje się niewinne, odziedziczone lub zabawne, może czasem okazać się bramą, której wróg potrzebuje.

Dziennik refleksji

- Które momenty w moim życiu mogły być punktami wejścia na drogę duchową?
- Czy są jakieś „nieszkodliwe" tradycje lub przedmioty, których powinienem się pozbyć?
- Czy muszę wyrzec się czegoś ze swojej przeszłości lub linii rodzinnej?

Modlitwa o wyrzeczenie

Ojcze, zamykam wszystkie drzwi, które ja lub moi przodkowie mogliśmy otworzyć przed ciemnością. Wyrzekam się wszelkich umów, więzów duszy i wystawiania się na działanie czegokolwiek nieświętego. Zrywam wszelkie łańcuchy krwią Jezusa. Oświadczam, że moje ciało, dusza i duch należą wyłącznie do Chrystusa. W imię Jezusa. Amen.

ROZDZIAŁ 4: MANIFESTACJE – OD OPĘTANIA DO OBSESJI

„*Gdy duch nieczysty opuści człowieka, błąka się po bezwodnych miejscach, szukając ukojenia, ale go nie znajduje. Wtedy mówi: «Wrócę do domu, który opuściłem»*" — Ewangelia Mateusza 12:43

Gdy człowiek znajdzie się pod wpływem mrocznego królestwa, jego manifestacje różnią się w zależności od poziomu dostępu demonów. Duchowy wróg nie zadowala się wizytami – jego ostatecznym celem jest zamieszkanie i dominacja.

Poziomy manifestacji

1. **Wpływ** – Wróg zyskuje wpływy poprzez myśli, emocje i decyzje.
2. **Ucisk** – występuje presja zewnętrzna, ciężar, zamęt i cierpienie.
3. **Obsesja** – osoba zaczyna mieć obsesję na punkcie mrocznych myśli lub przejawia kompulsywne zachowania.
4. **Opętanie** – W rzadkich, ale rzeczywistych przypadkach demony opanowują wolę, głos lub ciało danej osoby.

Stopień manifestacji często wiąże się z głębokością kompromisu duchowego.

Globalne studia przypadków manifestacji

- **Afryka:** Przypadki duchowego męża/żony, szaleństwa, rytualnej niewoli.
- **Europa:** Nowoczesna hipnoza, projekcja astralna i fragmentacja umysłu.
- **Azja:** Przodkowskie więzy dusz, pułapki reinkarnacji i przysięgi krwi.
- **Ameryka Południowa:** szamanizm, przewodnicy duchowi,

uzależnienie od jasnowidzenia.
- **Ameryka Północna:** Czary w mediach, „nieszkodliwe" horoskopy, bramy do substancji psychoaktywnych.
- **Bliski Wschód:** spotkania z dżinami, krwawe przysięgi i fałszywe proroctwa.

Każdy kontynent prezentuje swój własny, unikalny przebranie tego samego demonicznego systemu — a wierzący muszą nauczyć się rozpoznawać te znaki.

Typowe objawy aktywności demonicznej

- Nawracające koszmary senne lub paraliż senny
- Głosy lub męka psychiczna
- Kompulsywny grzech i powtarzające się odstępstwa
- Niewyjaśnione choroby, strach lub wściekłość
- Nadprzyrodzona siła lub wiedza
- Nagła niechęć do rzeczy duchowych

Kluczowe spostrzeżenia

To, co nazywamy problemami „psychicznymi", „emocjonalnymi" lub „medycznymi", może czasami mieć podłoże duchowe. Nie zawsze – ale wystarczająco często, by rozeznanie było kluczowe.

Dziennik refleksji

- Czy zauważyłem powtarzające się zmagania, które wydają się mieć charakter duchowy?
- Czy w mojej rodzinie występują powtarzające się schematy destrukcji?
- Jakie media, muzykę i relacje dopuszczam do swojego życia?

Modlitwa o wyrzeczenie

Panie Jezu, wyrzekam się wszelkich ukrytych umów, otwartych drzwi i bezbożnych przymierzy w moim życiu. Zrywam więzy ze wszystkim, co nie jest Twoje – świadomie lub nieświadomie. Wzywam ogień Ducha Świętego, aby pochłonął każdy ślad ciemności w moim życiu. Uwolnij mnie całkowicie. W Twoje potężne imię. Amen.

ROZDZIAŁ 5: MOC SŁOWA – AUTORYTET WIERZĄCYCH

„*Oto dałem wam władzę, abyście stąpali po wężach i skorpionach i po całej potędze nieprzyjaciela, a nic wam nie zaszkodzi.*" — Łukasza 10:19 (BW)

Wielu wierzących żyje w strachu przed ciemnością, ponieważ nie rozumieją światła, które niosą. Jednak Pismo Święte objawia, że **Słowo Boże to nie tylko miecz (Efezjan 6:17)** – to ogień (Jeremiasz 23:29), młot, ziarno i samo życie. W walce między światłem a ciemnością ci, którzy znają i głoszą Słowo, nigdy nie są ofiarami.

Czym jest ta moc?

Moc, którą niosą wierzący, to **delegowana władza**. Jak policjant z odznaką, stoimy nie o własnych siłach, ale w **imieniu Jezusa** i dzięki Słowu Bożemu. Kiedy Jezus pokonał szatana na pustyni, nie krzyczał, nie płakał ani nie panikował – po prostu powiedział: *„Jest napisane"*.

To jest wzór każdej walki duchowej.

Dlaczego wielu chrześcijan pozostaje pokonanych

1. **Niewiedza** – Nie wiedzą, co Słowo mówi o ich tożsamości.
2. **Cisza** – Nie głoszą Słowa Bożego w każdej sytuacji.
3. **Niespójność** – żyją w cyklu grzechu, który podważa ich zaufanie i utrudnia dostęp do innych.

Zwycięstwo nie polega na głośniejszym krzyczeniu, lecz na **głębszej wierze i odważnym deklarowaniu**.

Autorytet w działaniu – historie globalne

- **Nigeria:** Młody chłopiec uwięziony w sekcie został uwolniony, gdy jego matka regularnie namaszczała jego pokój i odmawiała Psalm 91

każdej nocy.
- **Stany Zjednoczone:** Była wyznawczyni Wicca porzuciła czary po tym, jak jej kolega przez wiele miesięcy codziennie w ciszy odczytywał fragmenty pism nad jej miejscem pracy.
- **Indie:** Pewien wierzący, będąc pod ciągłym ostrzałem czarnej magii, zacytował fragment z Księgi Izajasza 54:17 — ataki ustały, a napastnik przyznał się do winy.
- **Brazylia:** Pewna kobieta dzięki codziennym rozważaniom fragmentu z Rzymian 8 zdołała przezwyciężyć myśli samobójcze i zaczęła żyć w nadprzyrodzonym spokoju.

Słowo jest żywe. Nie potrzebuje naszej doskonałości, lecz naszej wiary i wyznania.

Jak posługiwać się słowem w czasie wojny

1. **Zapamiętaj fragmenty Pisma Świętego** odnoszące się do tożsamości, zwycięstwa i ochrony.
2. **Mów Słowo Boże na głos**, zwłaszcza w czasie ataków duchowych.
3. **Używaj go w modlitwie**, wyrażając Boże obietnice dotyczące różnych sytuacji.
4. **Pość i módl się,** mając Słowo jako kotwicę (Ewangelia Mateusza 17:21).

Podstawowe Pisma Święte dotyczące wojny

- *2 Koryntian 10:3–5* – Burzenie twierdz
- *Izajasz 54:17* – Żadna broń utworzona nie okaże się skuteczna
- *Łukasza 10:19* – Władza nad wrogiem
- *Psalm 91* – Boska ochrona
- *Objawienie 12:11* – Zwyciężeni przez krew i świadectwo

Kluczowe spostrzeżenia

Słowo Boże w twoich ustach jest tak samo potężne, jak Słowo w ustach Boga — gdy wypowiadane jest z wiarą.

Dziennik refleksji

- Czy jako osoba wierząca znam swoje prawa duchowe?
- Na których wersetach Pisma Świętego opieram się dzisiaj aktywnie?
- Czy pozwoliłem, aby strach i ignorancja uciszyły mój autorytet?

Modlitwa o wzmocnienie

Ojcze, otwórz moje oczy na autorytet, jaki mam w Chrystusie. Naucz mnie posługiwać się Twoim Słowem z odwagą i wiarą. Tam, gdzie pozwoliłem, by panował strach lub niewiedza, niech przyjdzie objawienie. Stoję dziś jako dziecko Boże, uzbrojone w Miecz Ducha. Będę głosić Słowo. Będę zwyciężać. Nie będę się lękał wroga – bo większy jest Ten, który jest we mnie. W imię Jezusa. Amen.

DZIEŃ 1: LINIE KRWI I BRAMY — ZERWANIE ŁAŃCUCHÓW RODZINNYCH

„**N**asi ojcowie zgrzeszyli i już ich nie ma, a my ponosimy ich karę." — Lamentacje 5:7

Możesz zostać zbawiony, ale twoja linia krwi wciąż ma historię — i dopóki stare przymierza nie zostaną złamane, będą nadal ze sobą rozmawiać.

Na każdym kontynencie istnieją ukryte ołtarze, pakty przodków, tajemne przysięgi i odziedziczone nieprawości, które pozostają aktywne, dopóki nie zostaną konkretnie rozwiązane. To, co zaczęło się od pradziadków, może nadal decydować o losach dzisiejszych dzieci.

Wyrażenia globalne

- **Afryka** – bogowie rodzinni, wyrocznie, czary przekazywane z pokolenia na pokolenie, krwawe ofiary.
- **Azja** – kult przodków, więzi reinkarnacji, łańcuchy karmy.
- **Ameryka Łacińska** – Santeria, ołtarze śmierci, szamańskie przysięgi krwi.
- **Europa** – masoneria, korzenie pogańskie, pakty krwi.
- **Ameryka Północna** – dziedziczenie New Age, tradycja masońska, przedmioty okultystyczne.

Klątwa będzie trwała, dopóki ktoś nie wstanie i nie powie: „Dość!"

Głębsze świadectwo – uzdrowienie od korzeni

Kobieta z Afryki Zachodniej, po przeczytaniu *tomu 14 książki „Greater Exploits"*, zdała sobie sprawę, że jej chroniczne poronienia i niewyjaśnione cierpienia były związane z pozycją jej dziadka jako kapłana w świątyni. Przyjęła

Chrystusa wiele lat temu, ale nigdy nie zmierzyła się z rodzinnymi przymierzami.

Po trzech dniach modlitwy i postu, została zmuszona do zniszczenia niektórych pamiątek rodzinnych i wyrzeczenia się przymierzy, powołując się na List do Galatów 3:13. W tym samym miesiącu poczęła i urodziła dziecko. Dziś przewodzi innym w posłudze uzdrawiania i uwalniania.

Inny mężczyzna z Ameryki Łacińskiej, bohater książki „ *Uwolniony z mocy ciemności"* , odnalazł wolność po wyrzeczeniu się klątwy masońskiej, potajemnie przekazanej mu przez pradziadka. Kiedy zaczął stosować w praktyce fragmenty Pisma Świętego, takie jak Księga Izajasza 49:24–26, i modlić się o uwolnienie, jego udręka psychiczna ustała, a w jego domu zapanował spokój.

Te historie nie są zbiegiem okoliczności – są świadectwem prawdy w działaniu.

Plan działania – Inwentaryzacja rodzinna

1. Wypisz wszystkie znane wierzenia, praktyki i przynależność rodzinną — religijną, mistyczną lub do tajnych stowarzyszeń.
2. Proś Boga o objawienie ukrytych ołtarzy i przymierzy.
3. Z modlitwą zniszcz i wyrzuć każdy przedmiot związany z bałwochwalstwem lub praktykami okultystycznymi.
4. Postępuj zgodnie z instrukcjami i korzystaj z poniższych fragmentów Pisma Świętego, aby przekroczyć granice prawne:
   - *Księga Kapłańska 26:40–42*
   - *Izajasz 49:24–26*
   - *Galacjan 3:13*

DYSKUSJA GRUPOWA I zastosowanie

- Jakie powszechne praktyki rodzinne są często uznawane za nieszkodliwe, ale mogą być niebezpieczne pod względem duchowym?
- Poproś członków, aby anonimowo (jeśli to konieczne) podzielili się swoimi snami, przedmiotami lub powtarzającymi się cyklami w

swojej linii krwi.
- Grupowa modlitwa wyrzeczenia — każda osoba może wypowiedzieć imię rodziny lub kwestię, której się wyrzeka.

Narzędzia duszpasterskie: Przynieś olejek do namaszczania. Ofiaruj komunię. Poprowadź grupę w modlitwie przymierza o zastąpienie – oddając każdą linię rodziny Chrystusowi.

Kluczowe spostrzeżenia
Nowe narodzenie ratuje twojego ducha. Złamanie przymierzy rodzinnych chroni twoje przeznaczenie.

Dziennik refleksji

- Co jest dziedziczne w mojej rodzinie? Co musi się ze mną skończyć?
- Czy są w moim domu przedmioty, imiona lub tradycje, których powinienem się pozbyć?
- Jakie drzwi otworzyli moi przodkowie, które ja teraz muszę zamknąć?

Modlitwa o uwolnienie

Panie Jezu, dziękuję Ci za Twoją krew, która przemawia lepiej. Dziś wyrzekam się każdego ukrytego ołtarza, przymierza rodzinnego i odziedziczonej niewoli. Zrywam więzy mojej krwi i oświadczam, że jestem nowym stworzeniem. Moje życie, rodzina i przeznaczenie należą teraz wyłącznie do Ciebie. W imię Jezusa. Amen.

DZIEŃ 2: INWAZJE SNÓW – GDY NOC STAJE SIĘ POLEM BITWY

„**G**dy *ludzie spali, przyszedł jego nieprzyjaciel, nasiał kąkolu między pszenicę i odszedł.*" — Ewangelia Mateusza 13:25

Dla wielu największa walka duchowa nie ma miejsca na jawie, lecz podczas snu.

Sny to nie tylko przypadkowa aktywność mózgu. To duchowe portale, przez które przepływają ostrzeżenia, ataki, przymierza i przeznaczenia. Wróg wykorzystuje sen jako ciche pole bitwy, by siać strach, pożądanie, zamęt i zwłokę – wszystko to bez oporu, ponieważ większość ludzi nie zdaje sobie sprawy z toczącej się wojny.

Wyrażenia globalne

- **Afryka** – małżonkowie duchowi, węże, jedzenie we śnie, maskarady.
- **Azja** – spotkania z przodkami, sny o śmierci, karmiczne cierpienia.
- **Ameryka Łacińska** – demony zwierzęce, cienie, paraliż senny.
- **Ameryka Północna** – projekcje astralne, sny o kosmitach, odtwarzanie traum.
- **Europa** – manifestacje gotyckie, demony seksualne (inkub/sukkub), rozbicie duszy.

Jeśli Szatan potrafi kontrolować twoje sny, może też wpłynąć na twoje przeznaczenie.

Świadectwo – Od nocnego lęku do pokoju

Młoda kobieta z Wielkiej Brytanii napisała e-mail po przeczytaniu książki „*Ex-Satanist: The James Exchange*". Opowiedziała, jak przez lata dręczyły ją sny o pościgu, pogryzieniu przez psy lub spaniu z obcymi mężczyznami – zawsze kończące się niepowodzeniami w prawdziwym życiu. Jej związki się rozpadały, możliwości zawodowe znikały, a ona sama była nieustannie wyczerpana.

Dzięki postowi i studiowaniu fragmentów Pisma Świętego, takich jak Księga Hioba 33:14–18, odkryła, że Bóg często przemawia przez sny – ale wróg również. Zaczęła namaszczać głowę olejkiem, głośno odrzucać złe sny po przebudzeniu i prowadzić dziennik snów. Stopniowo jej sny stawały się wyraźniejsze i spokojniejsze. Dziś prowadzi grupę wsparcia dla młodych kobiet cierpiących na ataki senne.

Nigeryjski biznesmen, po wysłuchaniu świadectwa na YouTube, zdał sobie sprawę, że jego sen o jedzeniu każdej nocy ma związek z czarami. Za każdym razem, gdy przyjmował jedzenie we śnie, w jego biznesie coś szło nie tak. Nauczył się natychmiast odrzucać jedzenie we śnie, modlić się językami przed snem i teraz zamiast tego dostrzega boskie strategie i ostrzeżenia.

Plan działania – Wzmocnij swoje nocne warty

1. **Przed snem:** Czytaj na głos fragmenty Pisma Świętego. Oddaj cześć Bogu. Namaść głowę olejkiem.
2. **Dziennik snów:** Zapisuj każdy sen po przebudzeniu – dobry czy zły. Poproś Ducha Świętego o interpretację.
3. **Odrzuć i wyrzeknij się:** Jeśli sen dotyczy aktywności seksualnej, zmarłych krewnych, jedzenia lub niewoli — natychmiast wyrzeknij się tego w modlitwie.
4. **Wojna Pisma Świętego:**
    - *Psalm 4:8* — Spokojny sen
    - *Hioba 33:14–18* — Bóg przemawia przez sny
    - *Ewangelia Mateusza 13:25* — Wróg sieje kąkol
    - *Izajasz 54:17* — Nie stworzono przeciwko tobie żadnej broni

Aplikacja grupowa

- Podzielcie się anonimowo ostatnimi snami. Pozwólcie grupie dostrzec wzorce i znaczenia.
- Naucz członków, jak werbalnie odrzucać złe sny i zapieczętować dobre sny w modlitwie.

- Oświadczenie grupy: „Zabraniamy demonicznych transakcji w naszych snach, w imię Jezusa!"

Narzędzia ministerialne:

- Zabierz ze sobą papier i długopisy do prowadzenia dziennika snów.
- Pokaż, jak namaścić dom i łóżko.
- Ofiaruj komunię jako pieczęć przymierza na tę noc.

Kluczowe spostrzeżenia

Sny są albo bramami do boskich spotkań, albo demonicznych pułapek. Kluczem jest rozeznanie.

Dziennik refleksji

- Jakie sny mi się regularnie śniły?
- Czy poświęcam czas na refleksję nad swoimi marzeniami?
- Czy moje sny ostrzegały mnie przed czymś, co ignorowałem?

Modlitwa Czuwania Nocnego

Ojcze, poświęcam Ci moje sny. Niech żadna zła moc nie zstąpi na mój sen. Odrzucam wszelkie demoniczne przymierze, zbezczeszczenie seksualne i manipulację w moich snach. Otrzymuję boskie nawiedzenia, niebiańskie wskazówki i anielską ochronę podczas snu. Niech moje noce będą wypełnione pokojem, objawieniem i mocą. W imię Jezusa, amen.

DZIEŃ 3: DUCHOWI MAŁŻONKOWIE – NIEŚWIĘTE ZWIĄZKI, KTÓRE ŁĄCZĄ PRZEZNACZENIA

„Bo twoim mężem jest twój Stwórca, a Jego imię Pan Zastępów…" — Izajasz 54:5

„Ofiarowali swoich synów i swoje córki demonom." — Psalm 106:37

Podczas gdy wielu ludzi woła o przełom w małżeństwie, nie zdają sobie sprawy, że już zawarli **związek duchowy** — taki, na który nigdy nie wyrazili zgody.

Są to **przymierza zawierane poprzez sny, molestowanie, rytuały krwi, pornografię, przysięgi przodków lub demoniczne przeniesienie**. Duch małżonka – inkub (mężczyzna) lub sukkub (kobieta) – nabywa prawa do ciała, intymności i przyszłości osoby, często blokując związki, niszcząc domy, powodując poronienia i podsycając uzależnienia.

Globalne manifestacje

- **Afryka** – duchy morskie (Mami Wata), duchy żon/mężów z królestw wodnych.
- **Azja** – małżeństwa celestialne, karmiczne klątwy bratnich dusz, reinkarnowani małżonkowie.
- **Europa** – związki czarownic, demoniczni kochankowie wywodzący się z masonerii lub druidyzmu.
- **Ameryka Łacińska** – małżeństwa santeriańskie, zaklęcia miłosne, „małżeństwa z duchami" oparte na paktach.
- **Ameryka Północna** – portale duchowe inspirowane pornografią, duchy seksu New Age, porwania przez kosmitów jako przejawy spotkań z inkubami.

Prawdziwe historie — walka o wolność małżeńską
Tolu, Nigeria.
Tolu miała 32 lata i była singielką. Za każdym razem, gdy się zaręczała, mężczyzna nagle znikał. Nieustannie śniła o wystawnych ceremoniach ślubnych. W książce *"Greater Exploits 14"* rozpoznała, że jej przypadek pasuje do świadectwa, które tam podzieliła. Przeszła trzydniowy post i nocne modlitwy o północy, zrywając więzy duszy i wypędzając ducha morskiego, który ją pochłonął. Dziś jest mężatką i udziela porad innym.
Lina, Filipiny.
Lina często czuła, że w nocy towarzyszy jej jakaś „obecność". Myślała, że sobie coś wyobraża, dopóki na jej nogach i udach nie zaczęły pojawiać się siniaki bez wyraźnego powodu. Jej pastor rozpoznał duchowego małżonka. Wyznała, że w przeszłości była uzależniona od aborcji i pornografii, a następnie doświadczyła uwolnienia. Teraz pomaga młodym kobietom rozpoznawać podobne wzorce w swojej społeczności.
Plan działania – zerwanie przymierza

1. **Wyznaj** i żałuj swoich grzechów seksualnych, więzów duchowych, okultyzmu lub rytuałów przodków.
2. **Odrzuć** w modlitwie wszystkie duchowe małżeństwa — nawet jeśli zostały ujawnione z nazwy.
3. **Pość** przez 3 dni (lub dłużej), opierając się na wersetach z Księgi Izajasza 54 i Psalmu 18.
4. **Zniszcz** fizyczne pamiątki: pierścionki, ubrania lub prezenty związane z byłymi kochankami lub powiązaniami okultystycznymi.
5. **Wypowiedz głośno :**

Nie jestem związany z żadnym duchem. Jestem przymierzem z Jezusem Chrystusem. Odrzucam wszelkie demoniczne związki w moim ciele, duszy i duchu!
Narzędzia Pisma Świętego

- Izajasz 54:4–8 – Bóg jako twój prawdziwy Mąż
- Psalm 18 – Zerwanie więzów śmierci
- 1 Koryntian 6:15–20 – Ciało wasze należy do Pana

- Ozeasza 2:6–8 – Łamanie bezbożnych przymierzy

Aplikacja grupowa

- Zapytaj członków grupy: Czy śniły ci się kiedyś śluby, seks z nieznajomymi lub jakieś tajemnicze postacie w nocy?
- Poprowadź grupowe wyrzeczenie się duchowych małżonków.
- Odegraj rolę „sądu rozwodowego w niebie" — każdy uczestnik składa przed Bogiem w modlitwie wniosek o duchowy rozwód.
- Namaszczaj głowę, brzuch i stopy olejkiem do namaszczania, symbolizując w ten sposób oczyszczenie, rozmnażanie i ruch.

Kluczowe spostrzeżenia

Demoniczne małżeństwa są realne. Ale nie ma takiego duchowego związku, którego nie mogłaby zerwać krew Jezusa.

Dziennik refleksji

- Czy miałem powtarzające się sny o małżeństwie lub seksie?
- Czy w moim życiu występują schematy odrzucenia, opóźnień lub poronień?
- Czy jestem gotowy całkowicie oddać swoje ciało, seksualność i przyszłość Bogu?

Modlitwa o wybawienie

Ojcze Niebieski, żałuję każdego grzechu seksualnego, znanego czy nieznanego. Odrzucam i wyrzekam się każdego duchowego małżonka, ducha morskiego czy okultystycznego małżeństwa, które domagają się mojego życia. Mocą krwi Jezusa zrywam każde przymierze, nasienie marzeń i więzy duszy. Oświadczam, że jestem Oblubienicą Chrystusa, oddzieloną dla Jego chwały. Kroczę wolna w imię Jezusa. Amen.

DZIEŃ 4: PRZEKLEŃSKIE PRZEDMIOTY – DRZWI, KTÓRE NIECZYSZCZĄ

„*Nie wnoś do swego domu żadnej obrzydliwości, abyś nie był przeklęty jak ona*" – Powtórzonego Prawa 7:26

Ukryty wpis, który wielu ignoruje

Nie każda rzecz jest tylko własnością. Niektóre rzeczy niosą historię. Inne niosą ze sobą duchy. Przeklęte przedmioty to nie tylko bożki czy artefakty – mogą to być książki, biżuteria, figurki, symbole, prezenty, ubrania, a nawet odziedziczone pamiątki, niegdyś poświęcone ciemnym siłom. To, co masz na półce, na nadgarstku, na ścianie – może być punktem wejścia do udręki w twoim życiu.

Obserwacje globalne

- **Afryka**: Tykwy, amulety i bransoletki związane z szamanami lub kultem przodków.
- **Azja**: Amulety, figurki zodiaku i pamiątki świątynne.
- **Ameryka Łacińska**: naszyjniki Santería, lalki, świece z inskrypcjami o tematyce duchowej.
- **Ameryka Północna**: karty tarota, tablice Ouija, łapacze snów, pamiątki związane z horrorami.
- **Europa**: Relikwie pogańskie, księgi okultystyczne, akcesoria o tematyce czarownic.

Pewna para z Europy doświadczyła nagłej choroby i duchowego ucisku po powrocie z wakacji na Bali. Nieświadomi tego, kupili rzeźbioną figurę poświęconą lokalnemu bóstwu morskiemu. Po modlitwie i rozeznaniu, wyjęli ją i spalili. Spokój powrócił natychmiast.

Inna kobieta zeznająca w programie *Greater Exploits* opowiadała o niewytłumaczalnych koszmarach, które dręczyły ją do momentu, aż okazało się, że naszyjnik, który podarowała jej ciotka, był w rzeczywistości urządzeniem do monitorowania duchów, poświęconym w świątyni.

Nie sprzątasz swojego domu tylko fizycznie — musisz go również oczyścić duchowo.

Świadectwo: „Lalka, która mnie obserwowała"

Lourdes Valdivia, której historię z Ameryki Południowej omawialiśmy wcześniej, otrzymała kiedyś porcelanową lalkę podczas rodzinnej uroczystości. Jej matka poświęciła ją w okultystycznym rytuale. Od nocy, kiedy przyniesiono ją do jej pokoju, Lourdes zaczęła słyszeć głosy, doświadczać paraliżu sennego i widzieć postacie w nocy.

Dopiero gdy jej przyjaciółka, chrześcijanka, pomodliła się z nią i Duch Święty objawił jej pochodzenie, pozbyła się lalki. Demoniczna obecność natychmiast odeszła. To zapoczątkowało jej przebudzenie – od ucisku do wyzwolenia.

Plan działania – audyt domu i serca

1. **Przespaceruj się po każdym pomieszczeniu** swojego domu, nasączając je olejkiem namaszczenia i czytając Słowo Boże.
2. **Proś Ducha Świętego**, aby wskazał przedmioty i dary, które nie pochodzą od Boga.
3. **Spalić lub wyrzucić** przedmioty związane z okultyzmem, bałwochwalstwem lub niemoralnością.
4. **Zamknij wszystkie drzwi** takimi wersetami jak:
   - *Powtórzonego Prawa 7:26*
   - *Dzieje Apostolskie 19:19*
   - *2 Koryntian 6:16–18*

Dyskusja grupowa i aktywacja

- Podziel się wszelkimi przedmiotami lub prezentami, które kiedyś posiadałeś, a które wywarły nietypowy wpływ na twoje życie.
- Wspólnie stwórzcie „Listę kontrolną sprzątania domu".
- Przydziel partnerów do modlitwy w domu drugiej osoby (za jej

pozwoleniem).
- Zaproś lokalnego duchownego, który zajmuje się uwalnianiem, aby poprowadził proroczą modlitwę oczyszczającą dom.

Narzędzia do posługi: olejek do namaszczania, muzyka uwielbieniowa, worki na śmieci (do prawdziwego wyrzucania) oraz ognioodporny pojemnik na przedmioty przeznaczone do zniszczenia.

Kluczowe spostrzeżenia

To, na co pozwalasz w swojej przestrzeni, może upoważnić duchy do wejścia do twojego życia.

Dziennik refleksji

- Które przedmioty w moim domu lub garderobie mają niejasne pochodzenie duchowe?
- Czy trzymałem się czegoś ze względu na wartość sentymentalną, a teraz muszę się tego pozbyć?
- Czy jestem gotowy poświęcić swoją przestrzeń Duchowi Świętemu?

Modlitwa oczyszczenia

Panie Jezu, proszę Twojego Ducha Świętego, aby obnażył w moim domu wszystko, co nie pochodzi od Ciebie. Wyrzekam się każdego przeklętego przedmiotu, daru czy przedmiotu, który był związany z ciemnością. Ogłaszam mój dom ziemią świętą. Niech Twój pokój i czystość zamieszkają tutaj. W imię Jezusa. Amen.

DZIEŃ 5: OCZAROWANI I OSZUKANI – UWOLNIENIE SIĘ OD DUCHA WRÓŻBIARSTWA

„Ci ludzie są sługami Boga Najwyższego i głoszą nam drogę zbawienia". — *Dzieje Apostolskie 16:17 (BW)*

„A Paweł, bardzo zirytowany, odwrócił się i rzekł do ducha: ,Rozkazuję ci w imię Jezusa Chrystusa, abyś z niej wyszedł'. I wyszedł w tej samej chwili". — *Dzieje Apostolskie 16:18*

Między proroctwem a wróżbą jest cienka granica — i wielu ludzi dziś ją przekracza, nawet o tym nie wiedząc.

Od proroków z YouTube'a pobierających opłaty za „osobiste słowa", po tarota w mediach społecznościowych cytujących fragmenty Pisma Świętego, świat stał się targowiskiem duchowego hałasu. I, co tragiczne, wielu wierzących nieświadomie pije wodę z zanieczyszczonych strumieni.

Duch **wróżbiarstwa** naśladuje Ducha Świętego. Schlebia, uwodzi, manipuluje emocjami i wciąga swoje ofiary w sieć kontroli. Jego cel? **Duchowe uwikłanie, oszukanie i zniewolenie.**

Globalne wyrażenia wróżbiarstwa

- **Afryka** – wyrocznie, kapłani Ifá, media duchowe, oszustwa prorocze.
- **Azja** – chiromanci, astrologowie, wróżbici przodków, „prorocy" reinkarnacji.
- **Ameryka Łacińska** – prorocy Santerii, twórcy amuletów, święci obdarzeni mrocznymi mocami.
- **Europa** – karty Tarota, jasnowidzenie, kręgi średnie, channelingi New Age.
- **Ameryka Północna** – „chrześcijańscy" jasnowidze, numerologia w kościołach, karty anielskie, przewodnicy duchowi podszywający się

pod Ducha Świętego.

Niebezpieczne jest nie tylko to, co mówią, ale także **duch,** który za tym stoi.

Świadectwo: Od jasnowidza do Chrystusa

Pewna Amerykanka zeznała na YouTube, jak przeszła drogę od „chrześcijańskiej prorokini" do uświadomienia sobie, że działa pod wpływem ducha wróżbiarstwa. Zaczęła mieć wyraźne wizje, przekazywać szczegółowe prorocze słowa i przyciągać tłumy online. Zmagała się jednak również z depresją, koszmarami i słyszała szepczące głosy po każdej sesji.

Pewnego dnia, oglądając wykład z *Dziejów Apostolskich 16* , opadła jej łuska. Uświadomiła sobie, że nigdy nie poddała się Duchowi Świętemu – tylko swojemu darowi. Po głębokiej skrusze i uwolnieniu zniszczyła swoje karty aniołów i dziennik postu wypełniony rytuałami. Dziś głosi Jezusa, a nie już „słowa".

Plan działania – testowanie duchów

1. Zapytaj: Czy to słowo/dar przyciąga mnie do **Chrystusa** czy do **osoby,** która je daje?
2. Badajcie każdego ducha według *1 Jana 4:1–3*.
3. Żałuj za wszelkie zaangażowanie w praktyki parapsychiczne, okultystyczne lub fałszywe praktyki prorocze.
4. Zerwij wszelkie więzy duszy z fałszywymi prorokami, wróżbitami i nauczycielami czarnoksięstwa (nawet w Internecie).
5. Oświadcz śmiało:

„Odrzucam każdego ducha kłamstwa. Należę tylko do Jezusa. Moje uszy są nastawione na Jego głos!"

Aplikacja grupowa

- Do dyskusji: Czy zdarzyło ci się kiedyś podążać za prorokiem lub przewodnikiem duchowym, który później okazał się fałszywy?
- Ćwiczenie grupowe: Nakłoń członków grupy do wyrzeczenia się konkretnych praktyk, takich jak astrologia, czytanie w duchu, gry parapsychiczne czy wpływy duchowe, które nie mają korzeni w

Chrystusie.
- Zaproś Ducha Świętego: Poświęć 10 minut na ciszę i słuchanie. Następnie podziel się tym, co Bóg Ci objawia – jeśli cokolwiek.
- Spal lub usuń cyfrowe/fizyczne materiały związane z wróżeniem, w tym książki, aplikacje, filmy i notatki.

Narzędzia posługi:
olej wybawienia, krzyż (symbol poddania się), kosz/wiadro do wyrzucania symbolicznych przedmiotów, muzyka uwielbieniowa skupiona na Duchu Świętym.

Kluczowe spostrzeżenia
Nie wszystko, co nadprzyrodzone, pochodzi od Boga. Prawdziwe proroctwo wypływa z bliskiej relacji z Chrystusem, a nie z manipulacji czy widowiska.

Dziennik refleksji

- Czy kiedykolwiek pociągały mnie praktyki parapsychiczne i manipulacyjne?
- Czy jestem bardziej uzależniony od „słów" niż od Słowa Bożego?
- Jakim głosom dałem dostęp, a które teraz należy uciszyć?

MODLITWA O WYBAWIENIE
Ojcze, odchodzę od wszelkiego ducha wróżbiarstwa, manipulacji i fałszywych proroctw. Żałuję, że szukałem wskazówek poza Twoim głosem. Oczyść mój umysł, moją duszę i mojego ducha. Naucz mnie postępować wyłącznie według Twojego Ducha. Zamykam wszystkie drzwi, które otworzyłem przed okultyzmem, świadomie lub nieświadomie. Oświadczam, że Jezus jest moim Pasterzem i słyszę tylko Jego głos. W potężnym imieniu Jezusa, Amen.

DZIEŃ 6: BRAMY OKA – ZAMKNIĘCIE PORTALI CIEMNOŚCI

„Oko jest lampą ciała. Jeśli twoje oczy są zdrowe, całe twoje ciało będzie napełnione światłem".
— *Ewangelia Mateusza 6:22 (NW)*

„Nie będę stawiał przed moimi oczami niczego złego..." — *Psalm 101:3 (BW)*

W sferze duchowej **twoje oczy są bramami**. To, co dostaje się przez twoje oczy, wpływa na twoją duszę – na jej czystość lub zanieczyszczenie. Wróg o tym wie. Dlatego media, obrazy, pornografia, horrory, symbole okultystyczne, trendy w modzie i treści uwodzicielskie stały się polem bitwy.

Wojna o twoją uwagę jest wojną o twoją duszę.

To, co wielu uważa za „nieszkodliwą rozrywkę", często jest ukrytym zaproszeniem — do pożądania, strachu, manipulacji, pychy, próżności, buntu, a nawet demonicznego przywiązania.

Globalne Bramy Wizualnej Ciemności

- **Afryka** – filmy rytualne, tematyka Nollywood normalizująca czary i poligamię.
- **Azja** – Anime i manga z portalami duchowymi, uwodzicielskimi duchami i podróżami astralnymi.
- **Europa** – moda gotycka, filmy grozy, obsesje na punkcie wampirów, sztuka satanistyczna.
- **Ameryka Łacińska** – telenowele gloryfikujące czary, klątwy i zemstę.
- **Ameryka Północna** – media głównego nurtu, teledyski, pornografia, „urocze" demoniczne kreskówki.

Stajesz się nieczuły na to, na co ciągle patrzysz.

Opowiadanie: „Kreskówka, która przeklęła moje dziecko"

Matka z USA zauważyła, że jej pięcioletni syn zaczął krzyczeć w nocy i rysować niepokojące obrazy. Po modlitwie Duch Święty wskazał jej kreskówkę, którą jej syn oglądał potajemnie – pełną zaklęć, mówiących duchów i symboli, których nie zauważyła.

Usunęła programy i namaściła dom i ekrany. Po kilku nocnych modlitwach i Psalmie 91 ataki ustały, a chłopiec zaczął spać spokojnie. Teraz prowadzi grupę wsparcia, która pomaga rodzicom chronić wzrok swoich dzieci.

Plan działania – Oczyszczanie Bramy Oka

1. Przeprowadź **audyt mediów**: Co oglądasz? Czytasz? Przewijasz?
2. Zrezygnuj z subskrypcji lub platform, które karmią twoje ciało zamiast twojej wiary.
3. Namaść swoje oczy i ekrany, wypowiadając Psalm 101:3.
4. Zastąp śmieci boskimi treściami — dokumentami, uwielbieniem, czystą rozrywką.
5. Ogłosić:

„Nie będę miał przed oczami niczego, co nikczemne. Mój wzrok należy do Boga".

Aplikacja grupowa

- Wyzwanie: 7-dniowy post Eye Gate — bez toksycznych mediów, bez bezczynnego przewijania.
- Udostępnij: Jakich treści Duch Święty nakazał ci zaprzestać oglądania?
- Ćwiczenie: Połóż ręce na swoich oczach i wyrzeknij się wszelkiego zbrukania, jakie niesie ze sobą widzenie (np. pornografia, horror, próżność).
- Aktywność: Zachęć członków do usuwania aplikacji, palenia książek lub pozbywania się przedmiotów, które psują ich wzrok.

Narzędzia: oliwa z oliwek, aplikacje wspierające rozliczanie, wygaszacze ekranu z fragmentami Pisma Świętego, karty modlitewne Eye Gate.

Kluczowe spostrzeżenia

Nie możesz sprawować władzy nad demonami, jeśli one cię bawią.

Dziennik refleksji

- Czym karmię swoje oczy, które mogą być źródłem ciemności w moim życiu?
- Kiedy ostatnio płakałem nad tym, co łamie serce Boga?
- Czy oddałem Duchowi Świętemu pełną kontrolę nad czasem, jaki spędzam przed ekranem?

Modlitwa o czystość

Panie Jezu, proszę, aby Twoja krew obmyła moje oczy. Przebacz mi za to, co pozwoliłem sobie wpuścić przez ekrany, książki i wyobraźnię. Dziś oświadczam, że moje oczy są dla światła, a nie ciemności. Odrzucam każdy obraz, pożądanie i wpływ, który nie pochodzi od Ciebie. Oczyść moją duszę. Strzeż mojego spojrzenia. I pozwól mi widzieć to, co Ty widzisz – w świętości i prawdzie. Amen.

DZIEŃ 7: MOC kryjąca się za imionami – WYRZECZENIE SIĘ NIEŚWIĘTYCH TOŻSAMOŚCI

„I zawołał Jabez do Boga Izraela, mówiąc: Obyś mi naprawdę błogosławił..." I Bóg spełnił jego prośbę."
— *1 Kronik 4:10*

„Nie będziesz już nazywał się Abram, lecz Abraham..." — *Rodzaju 17:5*

Imiona to nie tylko etykiety – to duchowe deklaracje. W pismach świętych imiona często odzwierciedlają przeznaczenie, osobowość, a nawet zniewolenie. Nadanie czemuś nazwy oznacza nadanie temu tożsamości i kierunku. Wróg to rozumie – dlatego wielu ludzi nieświadomie tkwi w pułapce imion nadanych w niewiedzy, bólu lub duchowej niewoli.

Bóg zmieniał imiona (Abrama na Abrahama, Jakuba na Izraela, Saraj na Sarę) i tak samo zmienia przeznaczenia, zmieniając imiona swojego ludu.

Globalne konteksty niewoli nazw

- **Afryka** – Dzieciom nadawano imiona pochodzące od zmarłych przodków lub bożków („Ogbanje", „Dike", „Ifunanya" związane ze znaczeniami).
- **Azja** – imiona reinkarnacji związane z cyklami karmicznymi lub bóstwami.
- **Europa** – imiona mające korzenie w dziedzictwie pogańskim lub czarodziejskim (np. Freya, Thor, Merlin).
- **Ameryka Łacińska** – imiona inspirowane santerią, szczególnie w kontekście chrztów duchowych.
- **Ameryka Północna** – nazwy zaczerpnięte z kultury popularnej, ruchów rebelianckich lub hołdów przodków.

Imiona mają znaczenie — mogą nieść ze sobą moc, błogosławieństwo lub zniewolenie.

Historia: „Dlaczego musiałam zmienić imię mojej córki"

W odcinku *„Greater Exploits 14"* nigeryjska para nadała swojej córce imię „Amaka", co oznacza „piękna", ale cierpiała ona na rzadką chorobę, która wprawiła lekarzy w osłupienie. Podczas konferencji proroczej matka doznała objawienia: imię to było niegdyś używane przez jej babcię, szamankę, której duch teraz opętał dziecko.

Zmienili jej imię na „ Oluwatamilore " (Bóg mi pobłogosławił), po czym rozpoczęli post i modlitwy. Dziecko całkowicie wyzdrowiało.

Inny przypadek z Indii dotyczył mężczyzny o imieniu „Karma", zmagającego się z przekleństwami pokoleniowymi. Po zerwaniu więzi z hinduizmem i zmianie imienia na „Jonathan" zaczął doświadczać przełomu w finansach i zdrowiu.

Plan działania – badanie Twojego imienia

1. Zbadaj pełne znaczenie swoich imion — pierwszego, drugiego imienia i nazwiska.
2. Zapytaj rodziców lub starszych, dlaczego nadano ci takie imiona.
3. W modlitwie wyrzeknij się negatywnych znaczeń duchowych lub poświęceń.
4. Wyznaj swoją boską tożsamość w Chrystusie:

„Nazywam się imieniem Boga. Moje nowe imię jest zapisane w niebie (Objawienie 2:17)".

ZAANGAŻOWANIE GRUPOWE

- Zapytaj członków: Co oznacza twoje imię? Czy miałeś sny z nim związane?
- Odmów „modlitwę imienną" — proroczo deklarując tożsamość każdej osoby.
- Połóż ręce na tych, którzy muszą zerwać z imionami związanymi z przymierzami i więzami przodków.

Narzędzia: wydrukuj karty ze znaczeniem imion, przynieś olejek do namaszczania, skorzystaj z pism świętych dotyczących zmiany imion.

Kluczowe spostrzeżenia

Nie możesz żyć w zgodzie ze swoją prawdziwą tożsamością i jednocześnie odpowiadać za fałszywą.

Dziennik refleksji

- Co oznacza moje imię — w sensie duchowym i kulturowym?
- Czy czuję się związany ze swoim imieniem, czy też w konflikcie z nim?
- Jak mnie nazywa niebo?

Modlitwa o zmianę imienia

Ojcze, w imię Jezusa, dziękuję Ci za to, że dałeś mi nową tożsamość w Chrystusie. Zrywam wszelkie przekleństwa, przymierza i demoniczne więzy związane z moimi imionami. Wyrzekam się każdego imienia, które nie jest zgodne z Twoją wolą. Przyjmuję imię i tożsamość, które dały mi niebiosa – pełne mocy, celu i czystości. W imię Jezusa, Amen.

DZIEŃ 8: DEMASKOWANIE FAŁSZYWEGO ŚWIATŁA – PUŁAPKI NEW AGE I ANIELSKIE OSZUSTWA

„*I nic dziwnego! Sam bowiem szatan przybiera postać anioła światłości*". — 2 Koryntian 11:14

„*Umiłowani, nie każdemu duchowi wierzcie, lecz badajcie duchy, czy są z Boga...*" — 1 Jana 4:1

Nie wszystko co się świeci to Bóg.

W dzisiejszym świecie coraz więcej ludzi poszukuje „światła", „uzdrowienia" i „energii" poza Słowem Bożym. Zwracają się ku medytacji, ołtarzom jogi, aktywacji trzeciego oka, przywoływaniu przodków, czytaniu tarota, rytuałom księżycowym, channelingowi anielskiemu, a nawet mistycyzmowi o chrześcijańskim wydźwięku. To oszustwo jest silne, ponieważ często na początku towarzyszy mu pokój, piękno i moc.

Jednak za tymi ruchami kryją się duchy wróżbitów, głoszące fałszywe proroctwa i starożytne bóstwa, które noszą maski światła, aby uzyskać prawny dostęp do dusz ludzi.

Globalny zasięg fałszywego światła

- **Ameryka Północna** – kryształy, oczyszczanie szałwią, prawo przyciągania, jasnowidztwo, obce kody świetlne.
- **Europa** – Nowa wersja pogaństwa, kult bogini, białe czary, święta duchowe.
- **Ameryka Łacińska** – Santeria połączona ze świętymi katolickimi, uzdrowicielami spirytystycznymi (curanderos).
- **Afryka** – Fałszerstwa proroctw z wykorzystaniem ołtarzy anielskich i wody rytualnej.
- **Azja** – czakry, joga „oświecenia", doradztwo w zakresie reinkarnacji,

duchy świątynne.

Praktyki te mogą dać chwilowe „światło", ale z czasem zaciemniają duszę.
Świadectwo: Wyzwolenie od Światła, które zwodziło
Od *14. edycji Greater Exploits*, Mercy (Wielka Brytania) uczęszczała na warsztaty poświęcone aniołom i praktykowała „chrześcijańską" medytację z kadzidłem, kryształami i kartami aniołów. Wierzyła, że dociera do światła Bożego, ale wkrótce zaczęła słyszeć głosy podczas snu i odczuwać niewyjaśniony lęk w nocy.

Jej uwolnienie rozpoczęło się, gdy ktoś podarował jej *„The Jameses Exchange" (Wymianę Jamesów)* i uświadomiła sobie podobieństwa między swoimi doświadczeniami a doświadczeniami byłego satanisty, który opowiadał o anielskich zwiedzeniach. Pokutowała, zniszczyła wszystkie przedmioty okultystyczne i poddała się modlitwom o pełne uwolnienie.

Dziś śmiało świadczy przeciwko oszustwom Nowej Ery w kościołach i pomaga innym porzucić podobne ścieżki.

Plan działania – testowanie duchów

1. **Zrób inwentaryzację swoich praktyk i przekonań**. Czy są zgodne z Pismem Świętym, czy też wydają ci się po prostu duchowe?
2. **Wyrzeknij się i zniszcz** wszystkie materiały o fałszywym świetle: kryształy, podręczniki do jogi, karty anielskie, łapacze snów itp.
3. **Módl się słowami Psalmu 119:105** — proś Boga, aby Jego Słowo stało się twoim jedynym światłem.
4. **Wypowiedz wojnę zamieszaniu** — zwiąż duchy i fałszywe objawienia.

APLIKACJA GRUPOWA

- **Porozmawiajmy**: Czy ty lub ktoś, kogo znasz, został wciągnięty w praktyki „duchowe", które nie skupiają się na Jezusie?
- **Odgrywanie ról : Rozeznawanie**: Przeczytaj fragmenty „duchowych" powiedzeń (np. „Zaufaj wszechświatowi") i porównaj je

z Pismem Świętym.
- **Sesja namaszczenia i wyzwolenia** : Zburz ołtarze fałszywego światła i zastąp je przymierzem *Światła Świata* (Jana 8:12).

Narzędzia Ministerstwa :

- Przynieś prawdziwe przedmioty związane z New Age (lub ich zdjęcia), aby wykorzystać je jako materiał dydaktyczny.
- Złóż modlitwę o uwolnienie od duchów nadprzyrodzonych (zobacz Dzieje Apostolskie 16:16–18).

Kluczowe spostrzeżenia
Najgroźniejszą bronią Szatana nie jest ciemność, lecz fałszywe światło.
Dziennik refleksji

- Czy otwierałem drzwi duchowe poprzez „światłe" nauki, które nie mają korzeni w Piśmie Świętym?
- Czy ufam Duchowi Świętemu czy intuicji i energii?
- Czy jestem gotowy porzucić wszelkie formy fałszywej duchowości w imię prawdy Bożej?

MODLITWA O WYRZECZENIE
Ojcze , żałuję za każdy sposób, w jaki bawiłem się lub angażowałem w fałszywe światło. Wyrzekam się wszelkich form New Age, czarów i zwodniczej duchowości. Zrywam wszelkie więzy duszy z anielskimi oszustami, duchowymi przewodnikami i fałszywymi objawieniami. Przyjmuję Jezusa, prawdziwą Światłość świata. Oświadczam, że nie będę podążał za żadnym głosem poza Twoim, w imię Jezusa. Amen.

DZIEŃ 9: OŁTARZ KRWI — PRZYMIERZA WYMAGAJĄCE ŻYCIA

„*I zbudowali wyżyny Baala... aby przeprowadzać swoich synów i swoje córki przez ogień dla Molocha.*" — Jeremiasz 32:35

„*I zwyciężyli go krwią Baranka i słowem swojego świadectwa...*" — Objawienie 12:11

Istnieją ołtarze, które nie tylko domagają się twojej uwagi — one żądają twojej krwi.

Od czasów starożytnych do dziś przymierza krwi stanowią podstawową praktykę królestwa ciemności. Niektóre zawiera się świadomie poprzez czary, aborcję, rytualne zabójstwa lub okultystyczne inicjacje. Inne są dziedziczone poprzez praktyki przodków lub nieświadomie dołączane poprzez duchową ignorancję.

Gdziekolwiek przelewana jest niewinna krew — czy to w świątyniach, sypialniach czy salach konferencyjnych — przemawia ołtarz demonów.

Ołtarze te odbierają życie, skracają losy i stwarzają prawną podstawę dla demonicznych dręczeń.

Globalne Ołtarze Krwi

- **Afryka** – zabójstwa rytualne, rytuały pieniężne, ofiary z dzieci, pakty krwi przy narodzinach.
- **Azja** – ofiary z krwi składane w świątyniach, klątwy rodzinne rzucane poprzez aborcję lub przysięgi wojenne.
- **Ameryka Łacińska** – Santeria – ofiary ze zwierząt, krwawe ofiary składane duchom zmarłych.
- **Ameryka Północna** – ideologia aborcji jako sakramentu, bractwa przysięgające krew demonów.
- **Europa** – starożytne obrzędy druidów i masonów, krwawe ołtarze z

czasów II wojny światowej, wciąż nieodpokutowane.

Przymierza te, jeśli nie zostaną złamane, nadal będą pochłaniać ludzkie życia, często cyklicznie.

Prawdziwa historia: Ofiara ojca

W książce „*Uwolnieni z Mocy Ciemności*" kobieta z Afryki Środkowej podczas sesji uwolnienia odkryła, że jej częste ocieranie się o śmierć było związane z przysięgą krwi, którą złożył jej ojciec. Obiecał jej życie w zamian za bogactwo po latach niepłodności.

Po śmierci ojca zaczęła co roku w dniu swoich urodzin widzieć cienie i doświadczać wypadków ocierających się o śmierć. Przełom nastąpił, gdy zaczęła codziennie powtarzać nad sobą słowa Psalmu 118:17 – „*Nie umrę, lecz będę żył...*" – po czym rozpoczęła serię modlitw o wyrzeczenia i postów. Dziś prowadzi potężną posługę wstawienniczą.

Inna relacja z *Greater Exploits 14* opisuje mężczyznę z Ameryki Łacińskiej, który uczestniczył w inicjacji gangu, która wiązała się z przelaniem krwi. Lata później, nawet po przyjęciu Chrystusa, jego życie było pełne nieustannego chaosu – aż do momentu, gdy złamał przymierze krwi poprzez długotrwały post, publiczną spowiedź i chrzest wodny. Męka ustała.

Plan działania – uciszanie ołtarzy krwi

1. **Żałuj** za wszelkie aborcje, tajemne układy krwiopochodne i odziedziczone rozlewy krwi.
2. **Wypowiedz** na głos wszystkie znane i nieznane przymierza krwi, wypowiadając ich nazwy.
3. **Pość przez 3 dni**, przyjmując codziennie Komunię Świętą i uznając krew Jezusa za swoje prawne zabezpieczenie.
4. **Wypowiedz głośno**:

„*Krew Jezusa łamię każde przymierze krwi zawarte w moim imieniu. Jestem odkupiony!*"

APLIKACJA GRUPOWA

- Omów różnicę między naturalnymi więzami krwi i demonicznymi przymierzami krwi.
- Użyj czerwonej wstążki/nici, aby przedstawić ołtarze krwi, i nożyczek, aby je proroczo przeciąć.
- Poproś o świadectwo kogoś, kto uwolnił się od więzów krwi.

Narzędzia Ministerstwa :

- Elementy komunijne
- Olejek do namaszczania
- Deklaracje dostawy
- Jeśli to możliwe, zorganizuj wizualizację ołtarza ze świecami

Kluczowe spostrzeżenia
Szatan handluje krwią. Jezus przepłacił swoją wolnością.

Dziennik refleksji

- Czy ja lub moja rodzina braliśmy udział w czymś, co wiązało się z rozlewem krwi lub składaniem przysiąg?
- Czy w mojej linii rodowej występują nawracające zgony, poronienia lub wzorce przemocy?
- Czy całkowicie zaufałem, że krew Jezusa będzie przemawiać głośniej w moim życiu?

Modlitwa o wybawienie
Panie Jezu, dziękuję Ci za Twoją drogocenną krew, która przemawia lepiej niż krew Abla. Żałuję za wszelkie przymierza krwi, które ja lub moi przodkowie zawarliśmy, świadomie lub nieświadomie. Wyrzekam się ich teraz. Oświadczam, że jestem okryty krwią Baranka. Niech każdy demoniczny ołtarz domagający się mojego życia zostanie uciszony i zniszczony. Żyję, bo Ty umarłeś za mnie. W imię Jezusa, Amen.

DZIEŃ 10: PŁODNOŚĆ I ZŁAMANE CIAŁO – GDY MACICA STAJE SIĘ POLEM BITWY

„*Nikt nie będzie poronił ani nie będzie niepłodny w twojej ziemi; dopełnię liczbę twoich dni*". — Wyjścia 23:26
„*Kobiecie bezdzietnej da rodzinę, uczyni ją szczęśliwą matką. Chwała Panu!*" — Psalm 113:9

Niepłodność to coś więcej niż problem medyczny. Może być duchową twierdzą, zakorzenioną w głębokich zmaganiach emocjonalnych, rodowych, a nawet terytorialnych.

W wielu krajach bezpłodność jest wykorzystywana przez wroga do zawstydzania, izolowania i niszczenia kobiet i rodzin. Choć niektóre przyczyny mają podłoże fizjologiczne, wiele ma głęboko duchowe podłoże – związane z ołtarzami pokoleniowymi, klątwami, duchowymi małżonkami, przerwanymi losami lub ranami duszy.

Za każdym bezpłodnym łonem kryje się obietnica nieba. Często jednak przed poczęciem trzeba stoczyć walkę – w łonie i w duchu.

Globalne wzorce niepłodności

- **Afryka** – związana z poligamią, klątwami przodków, paktami świątynnymi i dziećmi duchowymi.
- **Azja** – wierzenia dotyczące karmy, przysięgi z poprzednich wcieleń, przekleństwa pokoleniowe, kultura wstydu.
- **Ameryka Łacińska** – zamknięcie macicy wywołane czarami, zaklęcia wywołujące zazdrość.
- **Europa** – nadmierne uzależnienie od zapłodnienia in vitro, poświęcenia dzieci przez masonerię, poczucie winy za aborcję.
- **Ameryka Północna** – traumy emocjonalne, rany duszy, cykle

poronień, leki zmieniające gospodarkę hormonalną.

PRAWDZIWE HISTORIE – od łez do świadectw
Maria z Boliwii (Ameryka Łacińska)
Maria poroniła pięć razy. Za każdym razem śniło jej się, że trzyma płaczące dziecko, a następnego ranka widziała krew. Lekarze nie potrafili wyjaśnić jej stanu. Po przeczytaniu świadectwa w książce „*Greater Exploits*" uświadomiła sobie, że odziedziczyła rodzinny ołtarz bezpłodności po babci, która poświęciła wszystkie żeńskie łona lokalnemu bóstwu.

Pościła i odmawiała Psalm 113 przez 14 dni. Jej pastor pomógł jej złamać przymierze poprzez komunię. Dziewięć miesięcy później urodziła bliźnięta.

Ngozi z Nigerii (Afryka).

Ngozi była mężatką od 10 lat i nie miała dziecka. Podczas modlitw o uwolnienie ujawniono jej, że w sferze duchowej poślubiła mężczyznę z morza. W każdym cyklu owulacyjnym miewała sny o tematyce seksualnej. Po serii nocnych modlitw o wojnę i proroczym akcie spalenia obrączki ślubnej z dawnej inicjacji okultystycznej, jej macica się otworzyła.

Plan działania – otwieranie macicy

1. **Zidentyfikuj źródło** – przodków, emocje, małżeństwo lub medycynę.
2. **Żałuj za dokonane w przeszłości aborcje**, więzy duszy, grzechy seksualne i okultystyczne poświęcenia.
3. **Namaszczaj swoje łono codziennie,** wypowiadając słowa z Księgi Wyjścia 23:26 i Psalmu 113.
4. **Pość przez 3 dni** i przystępuj do komunii codziennie, odrzucając wszystkie ołtarze przywiązane do twojego łona.
5. **Mów na głos** :

Moje łono jest błogosławione. Odrzucam wszelkie przymierze bezpłodności. Pocznę i doniosę ciążę mocą Ducha Świętego!

Aplikacja grupowa

- Zaproś kobiety (i pary) do podzielenia się ciężarem opóźnień w bezpiecznej, pełnej modlitwy przestrzeni.
- Użyj czerwonych szalików lub tkanin zawiązanych wokół talii — a następnie proroczo rozwiązanych jako znak wolności.
- Przeprowadź proroczą ceremonię „nadania imienia" — ogłoś, że dzieci, które mają się narodzić, mają narodzić się przez wiarę.
- W kręgach modlitewnych łam przekleństwa, wstyd kulturowy i nienawiść do samego siebie.

Narzędzia ministerialne:

- Oliwa z oliwek (namaszczanie macic)
- Komunia
- Płaszcze/szale (symbolizujące okrycie i nowość)

Kluczowe spostrzeżenia

Bezpłodność nie jest końcem – to wezwanie do wojny, do wiary i do odnowy. Opóźnienie Boga nie jest zaprzeczeniem.

Dziennik refleksji

- Jakie rany emocjonalne i duchowe są związane z moją macicą?
- Czy pozwoliłem, aby wstyd i gorycz zastąpiły moją nadzieję?
- Czy jestem gotowy zmierzyć się z podstawowymi przyczynami problemu poprzez wiarę i działanie?

Modlitwa o uzdrowienie i poczęcie

Ojcze , opieram się na Twoim Słowie, które mówi, że nikt nie będzie bezpłodny w tej ziemi. Odrzucam każde kłamstwo, ołtarz i ducha, który ma blokować moje płodność. Wybaczam sobie i innym, którzy źle mówili o moim ciele. Otrzymuję uzdrowienie, odnowę i życie. Ogłaszam, że moje łono jest płodne, a moja radość pełna. W imię Jezusa. Amen.

DZIEŃ 11: CHOROBY AUTOIMMUNOLOGICZNE I PRZEWLEKŁE ZMĘCZENIE — NIEWIDZIALNA WOJNA WEWNĘTRZNA

„Dom, który się wewnętrznie skłócił, nie ostoi się" — Ewangelia Mateusza 12:25

„On daje moc zmęczonemu, a bezsilnemu pomnaża siłę" — Księga Izajasza 40:29

Choroby autoimmunologiczne to choroby, w których organizm atakuje sam siebie – myląc własne komórki z wrogami. Do tej grupy zaliczają się toczeń, reumatoidalne zapalenie stawów, stwardnienie rozsiane, choroba Hashimoto i inne.

Zespół przewlekłego zmęczenia (CFS), fibromialgia i inne niewyjaśnione zaburzenia wyczerpania często nakładają się na choroby autoimmunologiczne. Jednak poza czynnikami biologicznymi, wiele osób cierpiących na te schorzenia niesie ze sobą traumę emocjonalną, rany duszy i obciążenia duchowe.

Ciało woła – nie tylko o leki, ale o spokój. Wiele osób toczy wewnętrzną wojnę.

Globalny rzut oka

- **Afryka** – Wzrost liczby diagnoz chorób autoimmunologicznych związanych z traumą, zanieczyszczeniem i stresem.
- **Azja** – Wysoki wskaźnik zaburzeń tarczycy wiąże się z tłumieniem tej cechy przez przodków i kulturą wstydu.
- **Europa i Ameryka** – epidemia przewlekłego zmęczenia i wypalenia

zawodowego wynikająca z kultury nastawionej na wyniki.
- **Ameryka Łacińska** – Chorzy często otrzymują błędną diagnozę; stygmatyzacja i ataki duchowe poprzez rozbicie duszy lub klątwy.

Ukryte korzenie duchowe

- **Nienawiść do samego siebie lub wstyd** – poczucie, że „nie jesteśmy wystarczająco dobrzy".
- **Brak przebaczenia wobec siebie lub innych** — układ odpornościowy imituje stan duchowy.
- **Nieprzepracowany żal lub zdrada** otwierają drzwi do zmęczenia duszy i załamania fizycznego.
- **Strzały wywołujące zazdrość lub czary** — używane w celu wyczerpania sił duchowych i fizycznych.

Prawdziwe historie – bitwy toczone w ciemnościach
Elena z Hiszpanii.

U Eleny zdiagnozowano toczeń rumieniowaty po długim, pełnym przemocy związku, który złamał ją emocjonalnie. Podczas terapii i modlitwy ujawniono, że zinternalizowała nienawiść, wierząc, że jest bezwartościowa. Kiedy zaczęła sobie wybaczać i konfrontować się z ranami duszy z Pismem Świętym, jej ataki drastycznie zmalały. Świadczy o uzdrawiającej mocy Słowa Bożego i oczyszczeniu duszy.

James ze Stanów Zjednoczonych

James, ambitny dyrektor korporacyjny, załamał się z powodu zespołu przewlekłego zmęczenia po 20 latach nieustannego stresu. Podczas wyzwolenia ujawniono, że mężczyzn w jego rodzinie dręczy pokoleniowa klątwa walki bez wytchnienia. Rozpoczął okres szabatu, modlitwy i spowiedzi, odnajdując nie tylko zdrowie, ale i tożsamość.

Plan działania – uzdrawianie duszy i układu odpornościowego

1. **Módl się na głos każdego ranka słowami Psalmu 103:1-5** — szczególnie wersetów 3-5.
2. **Wypisz swoje wewnętrzne przekonania** — co sobie mówisz? Złam kłamstwa.

3. **Wybaczaj głęboko** — szczególnie sobie.
4. **Przyjmij komunię**, aby odnowić przymierze ciała — zobacz Izajasza 53.
5. **Spoczywaj w Bogu** — szabat nie jest opcjonalny, jest duchową walką przeciwko wypaleniu zawodowemu.

Oświadczam, że moje ciało nie jest moim wrogiem. Każda komórka we mnie będzie zgodna z boskim porządkiem i pokojem. Otrzymuję Bożą siłę i uzdrowienie.

Aplikacja grupowa

- Niech członkowie podzielą się swoimi ukrytymi wzorcami zmęczenia i wyczerpania emocjonalnego.
- Wykonaj ćwiczenie „wyrzucania duszy" — wypisz ciężary, które masz do zrobienia, a następnie symbolicznie je spal lub zakop.
- Połóż ręce na tych, którzy cierpią na objawy chorób autoimmunologicznych; spraw, by zapanowała równowaga i spokój.
- Zachęcaj do 7-dniowego zapisywania w dzienniku bodźców emocjonalnych i uzdrawiających fragmentów Pisma Świętego.

Narzędzia ministerialne:

- Olejki eteryczne lub pachnące namaszczenia do odświeżenia
- Dzienniki lub notatniki
- Ścieżka dźwiękowa do medytacji Psalmu 23

Kluczowe spostrzeżenia

To, co atakuje duszę, często manifestuje się w ciele. Uzdrowienie musi płynąć od wewnątrz.

Dziennik refleksji

- Czy czuję się bezpiecznie we własnym ciele i myślach?
- Czy noszę w sobie wstyd lub poczucie winy z powodu przeszłych niepowodzeń lub traum?
- Co mogę zrobić, aby zacząć czcić odpoczynek i spokój jako praktyki

duchowe?

Modlitwa o przywrócenie

Panie Jezu , Ty jesteś moim Uzdrowicielem. Dziś odrzucam każde kłamstwo, że jestem złamany, brudny lub skazany na zagładę. Wybaczam sobie i innym. Błogosławię każdą komórkę mojego ciała. Otrzymuję pokój w duszy i harmonię w moim systemie odpornościowym. Dzięki Twoim sińcom jestem uzdrowiony. Amen.

DZIEŃ 12: PADACZKA I MĘKI PSYCHICZNE – GDY UMYSŁ STAJE SIĘ POLEM WALKI

„*Panie, zmiłuj się nad moim synem, bo jest szaleńcem i bardzo cierpi, bo często wpada w ogień i często w wodę*". — Ewangelia Mateusza 17:15

„*Bóg nie dał nam ducha bojaźni, ale mocy, miłości i trzeźwego myślenia*". — 2 List do Tymoteusza 1:7

Niektóre dolegliwości nie mają charakteru wyłącznie medycznego — stanowią duchowe pole bitwy przebrane za chorobę.

Padaczka, napady padaczkowe, schizofrenia, epizody choroby afektywnej dwubiegunowej i schematy udręki psychicznej często mają ukryte korzenie. Choć leki mają tu swoje miejsce, kluczowe jest rozeznanie. W wielu biblijnych opisach napady padaczkowe i ataki psychiczne były wynikiem opętania przez demony.

Współczesne społeczeństwo leczy to, co Jezus często *wyrzucał*.

Globalna rzeczywistość

- **Afryka** – Napady padaczkowe często przypisywane klątwom lub duchom przodków.
- **Azja** – Osoby cierpiące na epilepsję często ukrywają się z powodu wstydu i duchowego piętna.
- **Ameryka Łacińska** – schizofrenia powiązana z czarami pokoleniowymi lub porzuconymi powołaniami.
- **Europa i Ameryka Północna** – Nadmierna diagnostyka i nadmierne podawanie leków często maskują demoniczne przyczyny.

Prawdziwe historie – Wybawienie w ogniu
Musa z północnej Nigerii

Musa od dzieciństwa cierpiał na ataki epilepsji. Jego rodzina próbowała wszystkiego – od tubylczych lekarzy po modlitwy kościelne. Pewnego dnia, podczas nabożeństwa o uwolnienie, Duch Święty objawił, że dziadek Musy złożył go w ofierze w ramach czarów. Po złamaniu przymierza i namaszczeniu go, nigdy więcej nie miał ataków.

Daniel z Peru

Zdiagnozowany z chorobą afektywną dwubiegunową, Daniel zmagał się z gwałtownymi snami i głosami. Później odkrył, że jego ojciec brał udział w tajnych rytuałach satanistycznych w górach. Modlitwy o uwolnienie i trzydniowy post przyniosły mu jasność umysłu. Głosy ucichły. Dziś Daniel jest spokojny, wypoczęty i przygotowuje się do służby.

Znaki, na które warto zwrócić uwagę

- Powtarzające się epizody napadów padaczkowych bez znanej przyczyny neurologicznej.
- Głosy, halucynacje, myśli agresywne lub samobójcze.
- Utrata czasu lub pamięci, niewytłumaczalny strach lub ataki paniki podczas modlitwy.
- Rodzinne wzorce szaleństwa i samobójstw.

Plan działania – przejęcie władzy nad umysłem

1. **Wyzbądź się wszystkich znanych Ci okultystycznych powiązań, urazów i klątw.**
2. **Wkładaj ręce codziennie na swoją głowę i okazuj trzeźwość umysłu (2 Tymoteusza 1:7).**
3. **Pość i módl się za duchy zniewalające umysł.**
4. **Złam przysięgi przodków, poświęcenia i klątwy linii krwi.**
5. **Jeżeli to możliwe, przyłącz się do silnego partnera modlitewnego lub grupy wsparcia.**

Odrzucam wszelkie duchy udręki, oszołomienia i zamętu. Przyjmuję zdrowy umysł i stabilne emocje w imię Jezusa!

Służba grupowa i aplikacja

- Określ rodzinne wzorce występowania chorób psychicznych lub napadów padaczkowych.
- Módl się za tych, którzy cierpią — namaść ich olejkiem na czole.
- Niech wstawiennicy chodzą po pokoju i wołają: „Ucisz się, ucisz się!" (Mk 4,39)
- Zachęcaj osoby dotknięte chorobą do zerwania ustnych umów: „Nie jestem szalony. Jestem uzdrowiony i cały".

Narzędzia ministerialne:

- Olejek do namaszczania
- Karty deklaracji uzdrowienia
- Muzyka uwielbieniowa, która głosi pokój i tożsamość

Kluczowe spostrzeżenia
Nie każda dolegliwość ma charakter wyłącznie fizyczny. Niektóre mają swoje korzenie w starożytnych przymierzach i demonicznych podstawach prawnych, z którymi należy się zmierzyć duchowo.

Dziennik refleksji

- Czy kiedykolwiek dręczyły mnie myśli lub sen?
- Czy są jakieś nieuleczone traumy lub duchowe drzwi, które powinienem zamknąć?
- Jaką prawdę mogę głosić każdego dnia, aby zakotwiczyć swój umysł w Słowie Bożym?

Modlitwa o zdrowie
Panie Jezu, Ty jesteś Odnowicielem mojego umysłu. Wyrzekam się wszelkich przymierzy, traum i demonicznych duchów atakujących mój mózg, emocje i jasność umysłu. Otrzymuję uzdrowienie i zdrowy umysł. Deklaruję, że będę żył, a nie umrę. Będę funkcjonował z pełną mocą, w imię Jezusa. Amen.

DZIEŃ 13: DUCH STRACHU — ROZBICIE KLATKI NIEWIDZIALNYCH MĘK

„*Albowiem nie dał nam Bóg ducha bojaźni, ale mocy i miłości, i trzeźwego myślenia.*" — 2 Tymoteusza 1:7

„*Bojaźń ma udrękę...*" — 1 Jana 4:18

Strach to nie tylko emocja – może być *duchem*.

Szepcze o porażce, zanim jeszcze zaczniesz. Potęguje odrzucenie. Utrudnia celowość. Paraliżuje narody.

Wielu znajduje się w niewidzialnych więzieniach zbudowanych ze strachu: strachu przed śmiercią, porażką, ubóstwem, ludźmi, chorobą, wojną duchową i nieznanym.

Za wieloma atakami lękowymi, napadami paniki i irracjonalnymi fobiami kryje się duchowe zadanie mające na celu **neutralizację przeznaczenia**.

Globalne manifestacje

- **Afryka** – strach mający swoje korzenie w pokoleniowych klątwach, odwecie przodków lub sprzeciwie wobec czarów.
- **Azja** – wstyd kulturowy, strach karmiczny, lęki przed reinkarnacją.
- **Ameryka Łacińska** – strach przed klątwami, legendami wiejskimi i duchową zemstą.
- **Europa i Ameryka Północna** – Ukryty niepokój, zdiagnozowane zaburzenia, strach przed konfrontacją, sukcesem lub odrzuceniem – często duchowy, ale określany jako psychologiczny.

Prawdziwe historie – demaskowanie ducha

Sarah z Kanady

Przez lata Sarah nie mogła spać w ciemności. Ciągle czuła czyjąś obecność w pokoju. Lekarze zdiagnozowali to jako lęk, ale żadne leczenie nie pomogło. Podczas internetowej sesji uwolnienia ujawniono, że dziecięcy strach otworzył drzwi dręczącemu ją duchowi poprzez koszmar i horror. Pożałowała, wyrzekła się strachu i nakazała mu odejść. Teraz śpi spokojnie.

Uche z Nigerii
Uche został powołany do głoszenia kazań, ale za każdym razem, gdy stawał przed ludźmi, zamierał. Strach był nienaturalny – duszący, paraliżujący. W modlitwie Bóg pokazał mu słowo przekleństwa wypowiedziane przez nauczyciela, który kpił z jego głosu, gdy był dzieckiem. Słowo to utworzyło duchowy łańcuch. Po jego zerwaniu zaczął głosić kazania z odwagą.

Plan działania – przezwyciężanie strachu

1. **Wyznaj po imieniu każdy swój strach** : „Wyrzekam się strachu przed [_____] w imieniu Jezusa".
2. **Codziennie czytaj na głos Psalm 27 i Księgę Izajasza 41.**
3. **Oddawaj cześć Bogu, dopóki panika nie zostanie zastąpiona pokojem.**
4. **Powstrzymaj się od mediów szerzących strach — filmów grozy, wiadomości, plotek.**
5. **Codziennie powtarzaj** : „Mam zdrowy umysł. Nie jestem niewolnikiem strachu".

Aplikacja grupowa – Przełom w społeczności

- Zapytaj członków grupy: Jaki strach sparaliżował cię najbardziej?
- Podzielcie się na małe grupy i poprowadźcie modlitwy **wyrzeczenia** i **zastąpienia** (np. strach → śmiałość, niepokój → pewność siebie).
- Niech każda osoba zapisze swój lęk i spali go jako akt proroczy.
- Stosuj *olejek namaszczający* i *wyznania wiary z Pisma Świętego* zamiast siebie.

Narzędzia ministerialne:

- Olejek do namaszczania

- Karty z deklaracjami Pisma Świętego
- Pieśń uwielbienia: „No Longer Slaves" zespołu Bethel

Kluczowe spostrzeżenia
Tolerowany strach to **skażenie wiary**.
Nie można być jednocześnie odważnym i bojaźliwym – wybierz śmiałość.
Dziennik refleksji

- Jaki strach towarzyszy mi od dzieciństwa?
- Jak strach wpłynął na moje decyzje, zdrowie i relacje?
- Co zrobiłbym inaczej, gdybym był całkowicie wolny?

Modlitwa o uwolnienie od strachu
Ojcze, wyrzekam się ducha strachu. Zamykam wszystkie drzwi, które – poprzez traumę, słowa czy grzech – dały strachowi dostęp. Przyjmuję Ducha mocy, miłości i zdrowego rozsądku. Ogłaszam śmiałość, pokój i zwycięstwo w imię Jezusa. Strach nie ma już miejsca w moim życiu. Amen.

DZIEŃ 14: SZATAŃSKIE ZNAKI — WYMAZYWANIE NIEŚWIĘTEGO PIĘTNA

„*Odtąd niech mnie już nikt nie niepokoi, bo ja na ciele swoim noszę znamiona Pana Jezusa.*" — Galacjan 6:17
„*I włożą moje imię na synów izraelskich, a Ja im będę błogosławił.*" — Liczb 6:27

Wiele przeznaczeń zostaje po cichu *zapisanych* w sferze duchowej — nie przez Boga, lecz przez wroga.

Te satanistyczne znaki mogą przybierać formę dziwnych znaków na ciele, snów o tatuażach lub piętnach, traumatycznych nadużyć, rytuałów krwi lub odziedziczonych ołtarzy. Niektóre są niewidoczne – dostrzegalne jedynie poprzez duchową wrażliwość – podczas gdy inne objawiają się jako znaki fizyczne, demoniczne tatuaże, duchowe piętno lub uporczywe ułomności.

Kiedy człowiek zostanie naznaczony przez wroga, może doświadczyć:

- Ciągłe odrzucenie i nienawiść bez powodu.
- Powtarzające się ataki duchowe i blokady.
- Przedwczesna śmierć lub kryzysy zdrowotne w pewnym wieku.
- Być śledzonym w duchu — zawsze widocznym w ciemności.

Znaki te pełnią funkcję *prawnych znaczników*, dając ciemnym duchom pozwolenie na dręczenie, opóźnianie i monitorowanie.

Ale krew Jezusa **oczyszcza** i **odnawia**.

Wyrażenia globalne

- **Afryka** – Znaki plemienne, rytualne nacięcia, okultystyczne blizny inicjacyjne.

- **Azja** – pieczęcie duchowe, symbole przodków, znaki karmiczne.
- **Ameryka Łacińska** – znaki inicjacyjne Brujeria (czary), znaki zodiaku używane w rytuałach.
- **Europa** – emblematy wolnomularskie, tatuaże przywołujące duchowych przewodników.
- **Ameryka Północna** – symbole New Age, tatuaże przedstawiające rytualne nadużycia, demoniczne piętnowanie poprzez okultystyczne przymierza.

Prawdziwe historie – siła rebrandingu
Dawid z Ugandy

Dawid nieustannie spotykał się z odrzuceniem. Nikt nie potrafił wyjaśnić dlaczego, pomimo jego talentu. Podczas modlitwy prorok zobaczył „duchowy X" na jego czole – znak z dziecięcego rytuału odprawionego przez wiejskiego kapłana. Podczas wyzwolenia znak ten został duchowo zmazany poprzez namaszczenie olejem i deklaracje o Krwi Jezusa. Jego życie zmieniło się w ciągu kilku tygodni – ożenił się, dostał pracę i został liderem młodzieżowym.

Sandra z Brazylii

Sandra miała tatuaż smoka z okresu buntu w okresie nastoletnim. Po oddaniu życia Chrystusowi, za każdym razem, gdy pościła lub modliła się, odczuwała silne ataki duchowe. Jej pastor rozpoznał, że tatuaż jest demonicznym symbolem związanym z nadzorowaniem duchów. Po sesji pokuty, modlitwy i wewnętrznego uzdrowienia, usunęła tatuaż i zerwała więź duszy. Jej koszmary natychmiast ustały.

Plan działania – usuń ślad

1. **Poproś Ducha Świętego**, aby objawił Ci wszelkie duchowe i fizyczne znaki w Twoim życiu.
2. **Żałuj** każdego osobistego lub odziedziczonego zaangażowania w rytuały, które na to pozwalały.
3. **Nanieś krew Jezusa** na swoje ciało — czoło, dłonie i stopy.
4. **Zerwij duchy kontrolujące, więzy duszy i prawa prawne** związane ze znakami (patrz fragmenty Pisma Świętego poniżej).
5. **Usuń tatuaże fizyczne lub przedmioty** (jak pokazano), które są powiązane z ciemnymi przymierzami.

Aplikacja grupowa – Rebranding w Chrystusie

- Zapytaj członków grupy: Czy kiedykolwiek byłeś naznaczony lub marzyłeś o byciu naznaczonym?
- Poprowadź modlitwę **oczyszczenia i ponownego poświęcenia się** Chrystusowi.
- Namaść czoło olejem i powiedz: *„Teraz nosisz znamię Pana Jezusa Chrystusa".*
- Odrzućcie duchy kontrolujące i zmieńcie ich tożsamość w Chrystusie.

Narzędzia ministerialne:

- Oliwa z oliwek (poświęcona do namaszczania)
- Lustro lub biała tkanina (symboliczny akt mycia)
- Komunia (przypieczętowanie nowej tożsamości)

Kluczowe spostrzeżenia

Co jest oznaczone w duchu, jest **widoczne w duchu** — usuń to, czego wróg użył, aby cię oznaczyć.

Dziennik refleksji

- Czy kiedykolwiek widziałem dziwne znaki, siniaki lub symbole na swoim ciele bez żadnego wyjaśnienia?
- Czy są jakieś przedmioty, kolczyki lub tatuaże, których powinnam się wyzbyć lub usunąć?
- Czy całkowicie poświęciłem swoje ciało jako świątynię Ducha Świętego?

Modlitwa o zmianę marki

Panie Jezu, wyrzekam się każdego znamienia, przymierza i poświęcenia dokonanego w moim ciele lub duchu wbrew Twojej woli. Twoją krwią zmazuję wszelkie szatańskie znamię. Oświadczam, że jestem naznaczony wyłącznie dla Chrystusa. Niech Twoja pieczęć własności spocznie na mnie i niech każdy duch śledzący mnie straci teraz z oczu. Nie jestem już widoczny dla ciemności. Kroczę wolny – w imię Jezusa, Amen.

DZIEŃ 15: KRÓLESTWO LUSTRZANE — UCIECZKA Z WIĘZIENIA ODBIĆ

> *Teraz widzimy jakby w zwierciadle i niby w zagadce; ale wówczas twarzą w twarz..."* — 1 Koryntian 13:12
>
> *„Mają oczy, ale nie widzą, uszy, ale nie słyszą..."* — Psalm 115:5–6

istnieje **sfera luster** – miejsce *fałszywych tożsamości*, duchowej manipulacji i mrocznych odbić. To, co wielu widzi w snach lub wizjach, może być nie zwierciadłem pochodzącym od Boga, lecz narzędziem zwodzenia z mrocznego królestwa.

W okultyzmie lustra służą do **uwięzienia dusz**, **monitorowania życia** lub **przenoszenia osobowości**. Podczas niektórych sesji uwalniania ludzie zgłaszają, że widzą siebie „żyjących" w innym miejscu – w lustrze, na ekranie lub za duchową zasłoną. Nie są to halucynacje. Często są to więzienia szatana, których celem jest:

- Rozbić duszę
- Opóźnić przeznaczenie
- Zamieszanie tożsamości
- Prowadź alternatywne duchowe linie czasu

Cel? Stworzenie *fałszywej wersji* siebie, żyjącej pod kontrolą demonów, podczas gdy twoje prawdziwe ja żyje w chaosie i porażce.

Wyrażenia globalne

- **Afryka** – Czary lustrzane używane przez czarowników do monitorowania, zastawiania pułapek i atakowania.
- **Azja** – Szamani używają misek z wodą lub polerowanych kamieni, aby „widzieć" i przywoływać duchy.

- **Europa** – rytuały czarnego lustra, nekromancja poprzez odbicia.
- **Ameryka Łacińska** – Wróżenie przez obsydianowe lustra w tradycjach Azteków.
- **Ameryka Północna** – nowoczesne portale lustrzane, obserwowanie luster w celu odbywania podróży astralnych.

Świadectwo — „Dziewczyna w lustrze"
Maria z Filipin

Maria śniła o uwięzieniu w pokoju pełnym luster. Za każdym razem, gdy robiła postępy w życiu, widziała w lustrze odbicie siebie, które ciągnęło ją do tyłu. Pewnej nocy, podczas uwolnienia, krzyknęła i opisała, jak „wychodzi z lustra" ku wolności. Jej pastor namaścił jej oczy i pomógł jej wyzbyć się manipulacji lustrem. Od tego czasu jej jasność umysłu, biznes i życie rodzinne uległy transformacji.

David ze Szkocji.

David, niegdyś głęboko zaangażowany w medytację New Age, praktykował „pracę z lustrzanym cieniem". Z czasem zaczął słyszeć głosy i widzieć siebie robiącego rzeczy, których nigdy nie zamierzał. Po przyjęciu Chrystusa, duchowny uwolnienia zerwał więzy lustrzanej duszy i modlił się nad jego umysłem. David relacjonował, że po raz pierwszy od lat poczuł się, jakby „mgła się rozwiała".

Plan działania – Złam zaklęcie lustra

1. **Zrezygnuj ze** wszelkiego, znanego lub nieznanego, kontaktu z lustrami używanymi w celach duchowych.
2. **zakryj wszystkie lustra w swoim domu** materiałem.
3. **Namaść swoje oczy i czoło** — oświadcz, że teraz widzisz tylko to, co widzi Bóg.
4. **Używaj Pisma Świętego**, aby wyrażać swoją tożsamość w Chrystusie, a nie w fałszywym odbiciu:
    - *Izajasz 43:1*
    - *2 Koryntian 5:17*
    - *Jana 8:36*

APLIKACJA GRUPOWA – przywracanie tożsamości

- Zapytaj: Czy śniły Ci się kiedyś lustra, sobowtóry lub ktoś Cię obserwował?
- Poprowadź modlitwę o odzyskanie tożsamości — deklarując wolność od fałszywych wersji siebie.
- Połóż ręce na oczach (symbolicznie lub w modlitwie) i módl się o jasność widzenia.
- Użyjcie lustra w grupie, aby proroczo oznajmić: *„Jestem tym, kim Bóg mówi, że jestem. Niczym innym"*.

Narzędzia ministerialne:

- Biała tkanina (zakrywająca symbole)
- Oliwa z oliwek do namaszczania
- Przewodnik po deklaracji lustrzanej proroctwa

Kluczowe spostrzeżenia

Wróg uwielbia zniekształcać to, jak postrzegasz siebie — ponieważ twoja tożsamość jest punktem dostępu do przeznaczenia.

Dziennik refleksji

- Czy uwierzyłem w kłamstwa na temat tego, kim jestem?
- Czy kiedykolwiek brałem udział w rytuałach lustrzanych lub nieświadomie dopuszczałem się czarów lustrzanych?
- Co Bóg mówi o tym, kim jestem?

Modlitwa o uwolnienie z Krainy Luster

Ojcze w Niebie, zrywam wszelkie przymierze ze światem zwierciadlanym – każde mroczne odbicie, duchowy sobowtór i sfałszowaną linię czasu. Wyrzekam się wszelkich fałszywych tożsamości. Oświadczam, że jestem tym, za kogo mnie podajesz. Przez krew Jezusa wychodzę z więzienia odbić i wkraczam w pełnię mojego celu. Od dziś widzę oczami Ducha – w prawdzie i jasności. W imię Jezusa, Amen.

DZIEŃ 16: ZERWANIE WIĘZI PRZEKLEŃSTW SŁOWNYCH — ODZYSKIWANIE SWOJEGO IMIENIA, SWOJEJ PRZYSZŁOŚCI

„Śmierć i życie są w mocy języka..." — Księga Przysłów 18:21

„Żadna broń ukuta przeciwko tobie nie okaże się skuteczna, a każdy język, który powstanie przeciwko tobie w sądzie, potępisz..." — Księga Izajasza 54:17

Słowa to nie tylko dźwięki – to **duchowe pojemniki**, niosące moc błogosławienia lub związania. Wiele osób nieświadomie dźwiga ciężar **przekleństw rzucanych** na nie przez rodziców, nauczycieli, przywódców duchowych, byłych kochanków, a nawet ich własne usta.

Niektórzy już je słyszeli:

- „Nigdy niczego nie osiągniesz."
- „Jesteś taki sam jak twój ojciec — bezużyteczny."
- „Wszystko, czego się dotkniesz, zawodzi."
- „Jeśli ja nie mogę cię mieć, nikt inny nie będzie."
- „Jesteś przeklęty... patrz i zobacz."

Słowa takie, wypowiedziane z gniewem, nienawiścią lub strachem – zwłaszcza przez osobę sprawującą władzę – mogą stać się duchową pułapką. Nawet samozwańcze przekleństwa, takie jak *„Chciałbym się nigdy nie urodzić"* czy *„Nigdy się nie ożenię"*, mogą zapewnić wrogowi legalne podstawy.

Wyrażenia globalne

- **Afryka** – klątwy plemienne, klątwy rodzicielskie za bunt, klątwy targowe.

- **Azja** – deklaracje słowne dotyczące karmy, przysięgi przodków wypowiadane nad dziećmi.
- **Ameryka Łacińska** – klątwy Brujeria (czary) rzucane za pomocą słów.
- **Europa** – Mówione zaklęcia, rodzinne „proroctwa", które się same spełniają.
- **Ameryka Północna** – przemoc słowna, pieśni okultystyczne, afirmacje nienawiści do samego siebie.

Bez względu na to, czy szepczemy, czy krzyczymy, przekleństwa wypowiadane z emocjami i wiarą mają wagę w duchu.

Świadectwo — „Kiedy moja matka mówiła o śmierci"
Keisha (Jamajka)

Keisha dorastała, słysząc, jak jej matka mówi: *„Przez ciebie moje życie jest zrujnowane".* W każde urodziny zdarzało się coś złego. W wieku 21 lat próbowała popełnić samobójstwo, przekonana, że jej życie nie ma wartości. Podczas nabożeństwa uwolnienia duchowny zapytał: *„Kto powiedział, że śmierć jest ponad twoim życiem?".* Załamała się. Po wyrzeczeniu się tych słów i uwolnieniu się od przebaczenia, w końcu zaznała radości. Teraz uczy młode dziewczyny, jak mówić o życiu ponad sobą.

Andriej (Rumunia)

Nauczyciel Andrieja powiedział kiedyś: *„Skończysz w więzieniu albo umrzesz przed ukończeniem 25 lat".* To stwierdzenie nie dawało mu spokoju. Popełnił przestępstwo i w wieku 24 lat został aresztowany. W więzieniu spotkał Chrystusa i uświadomił sobie przekleństwo, na które się zgodził. Napisał do nauczyciela list z prośbą o przebaczenie, podarł na strzępy każde kłamstwo, które na niego padło, i zaczął głosić Boże obietnice. Teraz prowadzi posługę ewangelizacyjną w więzieniach.

Plan działania – odwróć klątwę

1. Zapisz negatywne opinie, jakie wypowiedziałeś na swój temat — inni lub ty sam.
2. Podczas modlitwy **wyrzeknij się każdego przekleństwa** (wypowiedz je głośno).
3. **Udziel przebaczenia** osobie, która je wypowiedziała.

4. **Mów nad sobą prawdę Bożą,** aby zamienić przekleństwo na błogosławieństwo:
    - *Jeremiasz 29:11*
    - *Powtórzonego Prawa 28:13*
    - *Rzymian 8:37*
    - *Psalm 139:14*

Aplikacja grupowa – siła słów

- Zapytaj: Jakie stwierdzenia ukształtowały Twoją tożsamość — dobre czy złe?
- W grupie wypowiadajcie przekleństwa na głos (z wyczuciem) i w zamian mówcie błogosławieństwa.
- Użyj kart z fragmentami Pisma Świętego — każda osoba czyta na głos 3 prawdy na temat swojej tożsamości.
- Zachęcaj członków do rozpoczęcia 7-dniowego *Dekretu Błogosławieństwa* nad sobą.

Narzędzia ministerialne:

- Fiszki z identyfikacją fragmentów Pisma Świętego
- Oliwa z oliwek do namaszczania ust (uświęcania mowy)
- Deklaracje lustrzane – mów prawdę codziennie, patrząc na swoje odbicie

Kluczowe spostrzeżenia

Jeśli klątwa została wypowiedziana, można ją złamać — a na jej miejscu można wypowiedzieć nowe słowo życia.

Dziennik refleksji

- Czyje słowa ukształtowały moją tożsamość?
- Czy przeklinałem siebie ze strachu, gniewu lub wstydu?
- Co Bóg mówi o mojej przyszłości?

Modlitwa o złamanie przekleństw słownych

Panie Jezu, wyrzekam się każdego przekleństwa wypowiedzianego nad moim życiem – przez rodzinę, przyjaciół, nauczycieli, ukochanych, a nawet przeze mnie samego. Wybaczam każdy głos, który głosił porażkę, odrzucenie lub śmierć. Łamię teraz moc tych słów, w imię Jezusa. Wypowiadam błogosławieństwo, łaskę i przeznaczenie nad moim życiem. Jestem tym, kim mówisz, że jestem – kochanym, wybranym, uzdrowionym i wolnym. W imię Jezusa. Amen.

DZIEŃ 17: UWOLNIENIE OD KONTROLI I MANIPULACJI

„*Czarnoksięstwo to nie zawsze szaty i kotły — czasami to słowa, emocje i niewidzialne smycze*".

„Bo bunt jest jak grzech czarów, a upór jak nieprawość i bałwochwalstwo"
– *1 Samuela 15:23*

Czarostwo nie jest obecne tylko w świątyniach. Często przybiera formę uśmiechu i manipuluje poprzez poczucie winy, groźby, pochlebstwa lub strach. Biblia utożsamia bunt – zwłaszcza bunt, który sprawuje bezbożną kontrolę nad innymi – z czarostwem. Za każdym razem, gdy używamy presji emocjonalnej, psychologicznej lub duchowej, aby zdominować wolę innych, wkraczamy na niebezpieczny teren.

Globalne manifestacje

- **Afryka** – Matki złoszczące dzieci, kochankowie wiążący się ze sobą za pomocą „juju" lub eliksirów miłosnych, przywódcy duchowi zastraszający swoich zwolenników.
- **Azja** – kontrola Guru nad uczniami, szantaż rodzicielski w aranżowanych małżeństwach, manipulacje sznurem energetycznym.
- **Europa** – przysięgi masońskie kontrolujące zachowania pokoleniowe, poczucie winy religijnej i dominację.
- **Ameryka Łacińska** – Brujería (czary) służyła do trzymania partnerów w niewoli, była formą szantażu emocjonalnego, mającego swoje korzenie w rodzinnych klątwach.
- **Ameryka Północna** – narcystyczne rodzicielstwo, manipulacyjne przywództwo maskujące się pod „duchową osłoną", proroctwa oparte na strachu.

Głos czarów często szepcze: *„Jeśli tego nie zrobisz, stracisz mnie, stracisz łaskę Boga lub będziesz cierpieć".*
Ale prawdziwa miłość nigdy nie manipuluje. Głos Boga zawsze przynosi pokój, jasność i wolność wyboru.

Prawdziwa historia – zerwanie niewidzialnej smyczy
Grace z Kanady była głęboko zaangażowana w posługę proroczą, w której przywódca zaczął dyktować jej, z kim może się spotykać, gdzie może mieszkać, a nawet jak się modlić. Początkowo wydawało jej się to duchowe, ale z czasem czuła się jak więźnia jego opinii. Za każdym razem, gdy próbowała podjąć samodzielną decyzję, mówiono jej, że „buntuje się przeciwko Bogu". Po załamaniu i lekturze *„Greater Exploits 14"* zdała sobie sprawę, że to charyzmatyczne czary – kontrola podszywająca się pod proroctwo.

Grace zerwała więź duchową ze swoim przywódcą duchowym, pożałowała swojego przyzwolenia na manipulację i dołączyła do lokalnej społeczności, by się uzdrowić. Dziś jest zdrowa i pomaga innym wyjść z nadużyć religijnych.

Plan działania — Rozpoznawanie czarów w związkach

1. Zadaj sobie pytanie: *Czy czuję się swobodnie w towarzystwie tej osoby, czy raczej boję się ją rozczarować?*
2. Wymień związki, w których narzędziami kontroli są poczucie winy, groźby i pochlebstwa.
3. Wyzbądź się wszelkich więzów emocjonalnych, duchowych i duchowych, które sprawiają, że czujesz się zdominowany lub pozbawiony głosu.
4. Módl się głośno, aby uwolnić się od każdej manipulacyjnej smyczy w swoim życiu.

Narzędzia Pisma Świętego

- **1 Samuela 15:23** – Bunt i czary
- **Galacjan 5:1** – „Stójcie mocno... nie poddawajcie się znowu pod jarzmo niewoli".
- **2 Koryntian 3:17** – „Gdzie Duch Pański, tam wolność".
- **Micheasz 3:5-7** – Fałszywi prorocy stosujący zastraszanie i przekupstwo

Dyskusja grupowa i zastosowanie

- Podziel się (w razie potrzeby anonimowo) sytuacją, w której poczułeś się zmanipulowany duchowo lub emocjonalnie.
- Odegraj rolę „modlitwy o prawdę" – uwolnij się od kontroli nad innymi i odzyskaj swoją wolę.
- Nakazują członkom napisanie listów (rzeczywistych lub symbolicznych), w których zerwą więzi z osobami kontrolującymi i ogłoszą wolność w Chrystusie.

Narzędzia ministerialne:

- Połącz partnerów w pary.
- Użyj olejku do namaszczania, aby ogłosić wolność umysłu i woli.
- Wykorzystujcie komunię, aby na nowo ustanowić przymierze z Chrystusem jako *jedynym prawdziwym pokryciem*.

Kluczowe spostrzeżenia

Gdzie panuje manipulacja, tam kwitnie czary. Ale tam, gdzie jest Duch Boży, tam jest wolność.

Dziennik refleksji

- Komu lub czemu pozwoliłem kontrolować mój głos, wolę i kierunek, w którym podążam?
- Czy kiedykolwiek wykorzystałem strach lub pochlebstwa, aby postawić na swoim?
- Jakie kroki podejmę dzisiaj, aby żyć w wolności Chrystusa?

Modlitwa o wybawienie

Ojcze Niebieski, wyrzekam się wszelkich form manipulacji emocjonalnej, duchowej i psychologicznej, działających we mnie lub wokół mnie. Zrywam wszelkie więzy duszy zakorzenione w strachu, poczuciu winy i kontroli. Uwalniam się od buntu, dominacji i zastraszania. Oświadczam, że jestem prowadzony wyłącznie przez Twojego Ducha. Otrzymuję łaskę, by kroczyć w miłości, prawdzie i wolności. W imię Jezusa. Amen.

DZIEŃ 18: PRZEŁAMANIE MOCY NIEPRZEBACZENIA I GORYCZY

„*Brak przebaczenia jest jak picie trucizny i oczekiwanie, że druga osoba umrze*".

„**Uważajcie, aby jakiś gorzki korzeń, który rośnie w górę, nie wyrządził szkody i nie zanieczyścił wielu**"
— *Hebrajczyków 12:15*

Gorycz to cichy niszczyciel. Może zacząć się od bólu – zdrady, kłamstwa, straty – ale pozostawiona bez kontroli, przeradza się w brak przebaczenia, a w końcu w korzeń, który zatruwa wszystko.

Brak przebaczenia otwiera drzwi dręczącym duchom (Ewangelia Mateusza 18:34). Zaciemnia rozeznanie, utrudnia uzdrowienie, dławi modlitwy i blokuje przepływ mocy Bożej.

Wyzwolenie nie polega tylko na wypędzaniu demonów — chodzi o uwolnienie tego, co trzymasz w środku.

GLOBALNE WYRAZY GORYCZY

- **Afryka** – wojny plemienne, przemoc polityczna i zdrady rodzinne przekazywane z pokolenia na pokolenie.
- **Azja** – Niehonor między rodzicami i dziećmi, rany o podłożu kastowym, zdrady religijne.
- **Europa** – pokoleniowe milczenie na temat przemocy, gorycz z powodu rozwodu i zdrady.
- **Ameryka Łacińska** – rany zadane przez skorumpowane instytucje, odrzucenie przez rodzinę, manipulacja duchowa.
- **Ameryka Północna** – ból w Kościele, trauma rasowa, nieobecni

ojcowie, niesprawiedliwość w miejscu pracy.

Gorycz nie zawsze krzyczy. Czasami szepcze: "Nigdy nie zapomnę tego, co zrobili".

Ale Bóg mówi: *Odpuść sobie – nie dlatego, że na to zasługują, ale dlatego, że **ty** tak uważasz.*

Prawdziwa historia – kobieta, która nie wybaczała

Maria z Brazylii miała 45 lat, kiedy po raz pierwszy przyszła po uwolnienie. Każdej nocy śniło jej się, że ją uduszą. Miała wrzody żołądka, nadciśnienie i depresję. Podczas sesji ujawniono, że żywiła nienawiść do ojca, który znęcał się nad nią w dzieciństwie – a później porzucił rodzinę.

Została chrześcijanką, ale nigdy mu nie wybaczyła.

Kiedy płakała i oddała go Bogu, jej ciało zadrżało – coś pękło. Tej nocy po raz pierwszy od 20 lat zasnęła spokojnie. Dwa miesiące później jej stan zdrowia zaczął się drastycznie poprawiać. Teraz dzieli się swoją historią jako trenerka uzdrawiania dla kobiet.

Plan działania — wyrywanie gorzkiego korzenia

1. **Nazwij to** – wypisz imiona tych, którzy cię zranili — nawet ciebie samego lub Boga (jeśli w tajemnicy jesteś na Niego zły).
2. **Uwolnij się** – Powiedz na głos: *"Wybieram wybaczenie [imię] za [konkretne przewinienie]. Uwalniam się i uwalniam się".*
3. **Spalić** – Jeśli jest to bezpieczne, spalić lub zniszczyć papier jako proroczy akt uwolnienia.
4. **Módl się o błogosławieństwo** dla tych, którzy cię skrzywdzili – nawet jeśli twoje emocje stawiają opór. To jest walka duchowa.

Narzędzia Pisma Świętego

- *Ewangelia Mateusza 18:21–35* – Przypowieść o nielitościwym słudze
- *List do Hebrajczyków 12:15* – Gorzkie korzenie kalają wielu
- *Ewangelia Marka 11:25* – Przebaczajcie, aby wasze modlitwy nie doznały przeszkody
- *Rzymian 12:19–21* – Pozostawcie pomstę Bogu

APLIKACJA GRUPOWA I posługa

- Poproś każdą osobę (prywatnie lub pisemnie), aby wymieniła osobę, której trudno jest wybaczyć.
- Podzielcie się na grupy modlitewne i wspólnie przeżyjcie proces przebaczenia, korzystając z poniższej modlitwy.
- Przeprowadź proroczą „ceremonię palenia", podczas której pisemne przewinienia zostaną zniszczone i zastąpione deklaracjami uzdrowienia.

Narzędzia ministerialne:

- Karty z deklaracją przebaczenia
- Cicha muzyka instrumentalna lub nabożna modlitwa
- Olejek radości (do namaszczenia po uwolnieniu)

Kluczowe spostrzeżenia

Brak przebaczenia to brama, którą wykorzystuje wróg. Przebaczenie to miecz, który przecina więzy niewoli.

Dziennik refleksji

- Komu muszę dziś wybaczyć?
- Czy wybaczyłem sobie — czy też karzę się za przeszłe błędy?
- Czy wierzę, że Bóg może przywrócić mi to, co straciłem przez zdradę lub obrazę?

Modlitwa o uwolnienie

Panie Jezu, staję przed Tobą z moim bólem, gniewem i wspomnieniami. Postanawiam dziś – z wiarą – przebaczyć każdemu, kto mnie zranił, skrzywdził, zdradził lub odrzucił. Pozwalam im odejść. Uwalniam ich od osądu, a siebie od goryczy. Proszę Cię, abyś uzdrowił każdą ranę i napełnił mnie swoim pokojem. W imię Jezusa. Amen.

DZIEŃ 19: UZDROWIENIE ZE WSTYDU I POTĘPIENIA

Wstyd mówi: *„Jestem zły".* Potępienie mówi: *„Nigdy nie będę wolny".* Ale Jezus mówi: *„Jesteś mój i uczyniłem cię nowym ".*
„Kto Go szuka, ten rozpromienia się, a jego oblicze nie jest zasłonięte wstydem"
– *Psalm 34:5*

Wstyd to nie tylko uczucie – to strategia wroga. To płaszcz, którym otula tych, którzy upadli, zawiedli lub zostali zgwałceni. Mówi: „Nie możesz zbliżyć się do Boga. Jesteś zbyt brudny. Zbyt zraniony. Zbyt winny".

Ale potępienie jest **kłamstwem** — bo w Chrystusie **nie ma potępienia** (Rzymian 8:1).

Wiele osób poszukujących wyzwolenia tkwi w martwym punkcie, ponieważ wierzy, że **nie są godne wolności**. Noszą winę jak odznakę i odtwarzają swoje najgorsze błędy jak zdartą płytę.

Jezus zapłacił nie tylko za twoje grzechy — zapłacił także za twój wstyd.

Globalne twarze wstydu

- **Afryka** – kulturowe tabu dotyczące gwałtu, bezpłodności, bezdzietności i niepowodzenia w małżeństwie.
- **Azja** – wstyd wynikający z braku szacunku, oczekiwań rodzinnych lub odejścia od religii.
- **Ameryka Łacińska** – poczucie winy z powodu aborcji, zaangażowania w okultyzm lub wstydu rodzinnego.
- **Europa** – Ukryty wstyd wynikający z sekretnych grzechów, nadużyć lub problemów ze zdrowiem psychicznym.
- **Ameryka Północna** – wstyd z powodu uzależnienia, rozwodu, pornografii lub utraty tożsamości.

Wstyd rozkwita w milczeniu, lecz umiera w świetle Bożej miłości.

Prawdziwa historia – nowe imię po aborcji

Jasmine z USA dokonała trzech aborcji, zanim nawróciła się na Chrystusa. Choć została zbawiona, nie potrafiła sobie tego wybaczyć. Każdy Dzień Matki wydawał się przekleństwem. Kiedy ludzie rozmawiali o dzieciach czy rodzicielstwie, czuła się niewidzialna – a co gorsza, niegodna.

Podczas rekolekcji dla kobiet usłyszała przesłanie z Księgi Izajasza 61 – „zamiast wstydu, podwójną porcję". Zapłakała. Tej nocy napisała listy do swoich nienarodzonych dzieci, ponownie pokutowała przed Panem i miała wizję Jezusa, który podał jej nowe imiona: *„Umiłowana", „Matka", „Przywrócona".*

Obecnie opiekuje się kobietami po aborcji i pomaga im odnaleźć swoją tożsamość w Chrystusie.

Plan działania — Wyjdź z cienia

1. **Nazwij wstyd** – zapisz w dzienniku, co ukrywałeś lub z powodu czego czułeś się winny.
2. **Przyznaj się do kłamstwa** – wypisz oskarżenia, w które uwierzyłeś (np. „Jestem brudny", „Zostałem zdyskwalifikowany").
3. **Zastąp Prawdą** – Głośno głoś Słowo Boże nad sobą (zobacz fragmenty Pisma Świętego poniżej).
4. **Działanie prorocze** – Napisz słowo „WSTYD" na kartce papieru, a następnie podrzyj ją lub spal. Wypowiedz: *„Już mnie to nie wiąże!"*

Narzędzia Pisma Świętego

- *Rzymian 8:1-2* – W Chrystusie nie ma potępienia
- *Izajasz 61:7* – Podwójna porcja za wstyd
- *Psalm 34:5* – Blask w Jego obecności
- *List do Hebrajczyków 4:16* – Śmiały dostęp do tronu Bożego
- *Sofoniasz 3:19-20* – Bóg usuwa wstyd wśród narodów

Aplikacja grupowa i posługa

- Poproś uczestników, aby napisali anonimowe oświadczenia wyrażające wstyd (np. „Miałam aborcję", „Zostałam wykorzystana", „Dopuściłam się oszustwa") i umieścili je w zapieczętowanym pudełku.
- Przeczytaj głośno rozdział 61 Księgi Izajasza, a następnie poprowadź modlitwę o zamianę — żałoby na radość, popiołu na piękno, wstydu na cześć.
- Posłuchaj muzyki uwielbieniowej, która podkreśla tożsamość z Chrystusem.
- Wypowiadaj prorocze słowa nad osobami, które są gotowe odejść.

Narzędzia ministerialne:

- Karty oświadczenia tożsamości
- Olejek do namaszczania
- Playlista do nabożeństw zawierająca utwory takie jak „You Say" (Lauren Daigle), „No Longer Slaves" lub „Who You Say I Am"

Kluczowe spostrzeżenia
Wstyd to złodziej. Kradnie twój głos, radość i autorytet. Jezus nie tylko przebaczył ci grzechy – On odebrał wstydowi jego moc.

Dziennik refleksji

- Jakie jest moje najwcześniejsze wspomnienie wstydu?
- W jakie kłamstwo wierzyłem na swój temat?
- Czy jestem gotowy zobaczyć siebie takim, jakim widzi mnie Bóg — czystym, promiennym i wybranym?

Modlitwa o uzdrowienie
Panie Jezu, przynoszę Ci mój wstyd, mój ukryty ból i każdy głos potępienia. Żałuję, że zgodziłem się z kłamstwami wroga na temat tego, kim jestem. Wybieram wiarę w to, co mówisz – że jestem przebaczony, kochany i odnowiony.

Przyjmuję Twoją szatę sprawiedliwości i wkraczam ku wolności. Wychodzę ze wstydu i kroczę ku Twojej chwale. W imię Jezusa, Amen.

DZIEŃ 20: DOMOWE CZARODZIEJSTWO – GDY CIEMNOŚĆ MIESZKA POD TYM SAMYM DACHEM

„N*ie każdy wróg jest na zewnątrz. Niektórzy noszą znajome twarze".*
„Nieprzyjaciółmi człowieka będą jego domownicy"
— *Ewangelia Mateusza 10:36*

Niektóre z najzaciętszych duchowych bitew toczą się nie w lasach czy świątyniach, lecz w sypialniach, kuchniach i rodzinnych ołtarzach.

Czary domowe odnoszą się do działań demonicznych, które pochodzą z rodziny — rodziców, małżonka, rodzeństwa, służby domowej lub dalszych krewnych — poprzez zazdrość, praktyki okultystyczne, ołtarze przodków lub bezpośrednią manipulację duchową.

Wybawienie staje się skomplikowane, gdy ludzie, **których kochamy, lub z którymi mieszkamy, są osobami, które kochamy.**

Globalne przykłady czarów domowych

- **Afryka** – Zazdrosna macocha zsyła klątwy za pośrednictwem jedzenia; rodzeństwo przywołuje duchy przeciwko swemu bratu, który odnosi większe sukcesy.
- **Indie i Nepal** – Matki poświęcają dzieci bóstwom przy narodzinach; ołtarzyki domowe służą do kontrolowania przeznaczenia.
- **Ameryka Łacińska** – Brujeria lub Santeria praktykowane w tajemnicy przez krewnych w celu manipulowania małżonkami i dziećmi.
- **Europa** – Ukryte przysięgi masońskie lub okultystyczne w liniach rodzinnych; przekazywane z pokolenia na pokolenie tradycje parapsychiczne i spirytualistyczne.
- **Ameryka Północna** – rodzice wyznający Wicca lub New Age

„błogosławią" swoje dzieci kryształami, oczyszczaniem energetycznym lub tarotem.

Moce te mogą się ukrywać pod płaszczykiem rodzinnych uczuć, ale ich celem jest kontrola, stagnacja, choroba i duchowe zniewolenie.

Prawdziwa historia — Mój ojciec, prorok wioski
Kobieta z Afryki Zachodniej dorastała w domu, w którym jej ojciec był powszechnie szanowanym wiejskim prorokiem. Dla osób z zewnątrz był duchowym przewodnikiem. Za zamkniętymi drzwiami zakopywał amulety w posiadłości i składał ofiary w imieniu rodzin szukających przychylności lub zemsty.

W jej życiu pojawiły się dziwne schematy: powtarzające się koszmary, nieudane związki i niewytłumaczalne choroby. Kiedy oddała swoje życie Chrystusowi, ojciec zwrócił się przeciwko niej, twierdząc, że bez jego pomocy nigdy nie odniesie sukcesu. Jej życie przez lata toczyło się w spirali.

Po miesiącach nocnych modlitw i postów, Duch Święty doprowadził ją do wyrzeczenia się wszelkich więzów duszy z okultystycznym płaszczem jej ojca. Zakopała pisma święte w ścianach swojego domu, spaliła stare pamiątki i codziennie namaszczała próg. Stopniowo zaczęły się przełomy: odzyskała zdrowie, jej marzenia się rozwiały i w końcu wyszła za mąż. Teraz pomaga innym kobietom w stawianiu czoła domowym ołtarzom.

Plan działania — Konfrontacja ze znanym duchem

1. **Rozpoznawaj bez hańby** – proś Boga, aby objawił ci ukryte moce bez nienawiści.
2. **Zerwij umowy duchowe** – wyrzeknij się wszelkich więzów duchowych ustanowionych poprzez rytuały, ołtarze lub ustne przysięgi.
3. **Duchowe oddzielenie** – Nawet jeśli mieszkacie w tym samym domu, możecie **odłączyć się duchowo** poprzez modlitwę.
4. **Uświęć swoją przestrzeń** – namaść każdy pokój, przedmiot i próg olejem i pismem świętym.

Narzędzia Pisma Świętego

- *Micheasz 7:5–7* – Nie ufaj bliźniemu
- *Psalm 27:10* – „Choćby mnie opuścili ojciec mój i matka..."
- *Łukasza 14:26* – Kochać Chrystusa bardziej niż rodzinę
- *2 Królów 11:1–3* – Ukryte uwolnienie od morderczej królowej matki
- *Izajasz 54:17* – Żadna broń utworzona nie okaże się skuteczna

Aplikacja grupowa

- Podziel się doświadczeniami, w których rodzina spotykała się ze sprzeciwem.
- Módlmy się o mądrość, odwagę i miłość w obliczu oporu ze strony rodziny.
- Poprowadź modlitwę wyrzeczenia się każdego więzu duszy lub wypowiedzianej klątwy przez krewnych.

Narzędzia ministerialne:

- Olejek do namaszczania
- Deklaracje przebaczenia
- Modlitwy o uwolnienie przymierza
- Psalm 91 modlitwa obejmująca

Kluczowe spostrzeżenia
Linia krwi może być błogosławieństwem lub polem bitwy. Jesteś powołany, by ją odkupić, a nie dać się jej rządzić.

Dziennik refleksji

- Czy kiedykolwiek spotkałem się z duchowym oporem ze strony kogoś bliskiego?
- Czy jest ktoś, komu muszę wybaczyć — nawet jeśli wciąż uprawia czary?
- Czy jestem gotowy na oddzielenie, nawet jeśli będzie to kosztować relacje?

Modlitwa o separację i ochronę

Ojcze, zdaję sobie sprawę, że największy sprzeciw mogą napotkać osoby mi najbliższe. Wybaczam każdemu domownikowi, który świadomie lub nieświadomie działa przeciwko mojemu przeznaczeniu. Zrywam wszelkie więzy duszy, przekleństwa i przymierza zawarte w mojej linii rodzinnej, które nie są zgodne z Twoim Królestwem. Przez krew Jezusa uświęcam mój dom i oświadczam: ja i mój dom będziemy służyć Panu. Amen.

DZIEŃ 21: DUCH JEZEBEL — UWODZENIE, KONTROLA I MANIPULACJA RELIGIJNA

„Ale mam ci za złe to, że tolerujesz tę kobietę Jezabel, która nazywa siebie prorokinią. Nauką swoją zwodzi..." — Objawienie 2:20

„Koniec jej nadejdzie nagle, bez ratunku." — Przysłów 6:15

Niektóre duchy krzyczą z zewnątrz.

Jezebel szepcze z wnętrza.

Ona nie tylko kusi – ona **uzurpuje sobie prawo, manipuluje i korumpuje**, doprowadzając do rozpadu posług, dławienia małżeństw i uwodzenia narodów buntem.

Czym jest duch Jezebel?

Duch Jezabel:

- Naśladuje proroctwo, aby wprowadzić w błąd
- Używa uroku i uwodzenia, aby kontrolować
- Nienawidzi prawdziwego autorytetu i ucisza proroków
- Maskuje dumę za fałszywą pokorą
- Często przywiązuje się do przywództwa lub osób mu bliskich

Duch ten może działać poprzez **mężczyzn lub kobiety** i rozwija się tam, gdzie niekontrolowana władza, ambicja lub odrzucenie nie zostaną uleczone.

Globalne manifestacje

- **Afryka** – fałszywe prorokinie, które manipulują ołtarzami i żądają lojalności ze strachem.
- **Azja** – Mistycy religijni łączą uwodzenie z wizjami, aby zdominować kręgi duchowe.

- **Europa** – Kult starożytnych bogiń odrodził się w praktykach New Age pod nazwą empowerment.
- **Ameryka Łacińska** – kapłanki Santerii sprawują kontrolę nad rodzinami za pomocą „porady duchowej".
- **Ameryka Północna** – influencerzy w mediach społecznościowych promują „boską kobiecość", jednocześnie wyśmiewając biblijne podporządkowanie, autorytet i czystość.

Prawdziwa historia: *Jezabel, która siedziała na ołtarzu*

W jednym z karaibskich krajów kościół płonący dla Boga zaczął powoli, subtelnie przygasać. Grupa wstawiennicza, która kiedyś spotykała się na modlitwach o północy, zaczęła się rozchodzić. Duszpasterstwo młodzieży pogrążyło się w skandalu. Małżeństwa w kościele zaczęły się rozpadać, a niegdyś ognisty pastor stał się niezdecydowany i duchowo zmęczony.

W centrum tego wszystkiego znajdowała się kobieta – **Siostra R**. Piękna, charyzmatyczna i hojna, podziwiana przez wielu. Zawsze miała „słowo od Pana" i marzenie o losie innych. Hojnie wspierała projekty kościelne i zasłużyła na miejsce blisko pastora.

Za kulisami subtelnie **oczerniała inne kobiety**, uwiodła młodszego pastora i siała podziały. Kreowała się na autorytet duchowy, jednocześnie po cichu podważając faktyczne przywództwo.

Pewnej nocy nastoletnia dziewczyna w kościele miała wyrazisty sen – zobaczyła węża zwiniętego pod amboną i szepczącego do mikrofonu. Przerażona, opowiedziała o tym matce, która zaniosła go pastorowi.

Przywódcy postanowili podjąć **trzydniowy post**, aby szukać Bożego przewodnictwa. Trzeciego dnia, podczas modlitwy, Siostra R zaczęła gwałtownie się manifestować. Syczała, krzyczała i oskarżała innych o czary. Nastąpiło potężne uwolnienie, po którym wyznała: została wtajemniczona do zakonu duchowego pod koniec nastoletnich lat, którego zadaniem było **infiltrowanie kościołów, aby „kraść im ogień"**.

Przed tym była już w **pięciu kościołach**. Jej bronią nie była głośna gra słów – **to były pochlebstwa, uwodzenie, kontrola emocjonalna** i manipulacja prorocza.

Dziś kościół odbudował ołtarz. Ambona została ponownie poświęcona. A ta młoda nastolatka? Teraz jest gorliwą ewangelistką, która przewodzi kobiecemu ruchowi modlitewnemu.

Plan działania — jak stawić czoła Jezebel

1. **Żałuj** każdego przypadku, w którym współpracowałeś z manipulacją, kontrolą seksualną lub pychą duchową.
2. **Rozpoznaj** cechy Jezebel — pochlebstwa, bunt, uwodzenie, fałszywe proroctwa.
3. **Zerwij więzy dusz** i nieświęte sojusze w modlitwie — szczególnie z każdym, kto odciąga cię od głosu Boga.
4. **Ujawnij swoją władzę** w Chrystusie. Jezebel boi się tych, którzy wiedzą, kim są.

Arsenał Pisma Świętego:

- 1 Królów 18–21 – Jezebel kontra Eliasz
- Objawienie 2:18–29 – Ostrzeżenie Chrystusa dla Tiatyry
- Księga Przysłów 6:16–19 – Czego Bóg nienawidzi
- Galacjan 5:19–21 – Uczynki ciała

Aplikacja grupowa

- Porozmawiajmy: Czy kiedykolwiek byłeś świadkiem manipulacji duchowej? Jak się ona maskowała?
- Jako grupa przyjmijcie zasadę „zero tolerancji" wobec Jezebel — w kościele, w domu i u władzy.
- Jeśli to konieczne, zmów **modlitwę o uwolnienie** lub pość, aby przełamać jej wpływ.
- Ponownie poświęć każdą posługę lub ołtarz, które zostały naruszone.

Narzędzia duszpasterskie:

Używaj olejku do namaszczania. Stwórz przestrzeń do spowiedzi i przebaczenia. Śpiewaj pieśni uwielbienia, które głoszą **panowanie Jezusa**.

Kluczowe spostrzeżenia

Jezebel rozkwita tam, gdzie **rozeznanie jest niskie**, a **tolerancja wysoka**. Jej panowanie kończy się wraz z przebudzeniem się duchowego autorytetu.

Dziennik refleksji

- Czy pozwoliłem, by manipulacja mną kierowała?
- Czy są ludzie lub wpływy, które cenię bardziej niż głos Boga?
- Czy uciszyłem swój proroczy głos ze strachu lub kontroli?

Modlitwa o wybawienie

Panie Jezu, wyrzekam się wszelkich sojuszów z duchem Jezebel. Odrzucam uwodzenie, kontrolę, fałszywe proroctwa i manipulację. Oczyść moje serce z pychy, strachu i kompromisów. Odzyskuję swoją władzę. Niech każdy ołtarz, który Jezebel zbudowała w moim życiu, zostanie zburzony. Intronizuję Ciebie, Jezu, jako Pana moich relacji, powołania i posługi. Napełnij mnie rozeznaniem i śmiałością. W Twoim imieniu, Amen.

DZIEŃ 22: PYTONI I MODLITWY — PRZEŁAMANIE DUCHA UMYSŁU

„*Kiedyś, gdy szliśmy na miejsce modlitwy, spotkała nas niewolnica, która miała ducha Pytona...*" — Dzieje Apostolskie 16:16
„*Po lwie i żmii będziesz stąpał...*" — Psalm 91:13
Jest duch, który nie gryzie – on **ściska**.
Dusi twój ogień. Owija się wokół twojego życia modlitewnego, oddechu, uwielbienia, dyscypliny – aż zaczniesz rezygnować z tego, co kiedyś dawało ci siłę.
To duch **Pythona** — demonicznej siły, która **ogranicza rozwój duchowy, opóźnia przeznaczenie, dusi modlitwę i fałszuje proroctwa**.
Globalne manifestacje

- **Afryka** – Duch węża ukazuje się jako fałszywa moc prorocza, działająca w morskich i leśnych świątyniach.
- **Azja** – Duchy węży czczone są jako bóstwa, które należy nakarmić lub udobruchać.
- **Ameryka Łacińska** – ołtarze w kształcie węża, symbolizujące bogactwo, pożądanie i władzę.
- **Europa** – Symbole węża w kręgach czarnoksięskich, wróżbiarskich i parapsychicznych.
- **Ameryka Północna** – fałszywe głosy „proroctwa", których źródłem jest bunt i duchowe zamieszanie.

Świadectwo: *Dziewczyna, która nie mogła oddychać*
Marisol z Kolumbii zaczęła odczuwać duszności za każdym razem, gdy klękała do modlitwy. Jej klatka piersiowa zaciskała się. Jej sny były pełne

obrazów węży owijających się wokół jej szyi lub leżących pod łóżkiem. Lekarze nie stwierdzili żadnych dolegliwości.

Pewnego dnia babcia Marisol przyznała, że w dzieciństwie została „poświęcona" duchowi gór, który przybierał postać węża. Był to **„duch opiekuńczy"**, ale wiązało się to z pewną ceną.

Podczas spotkania z duchową pomocą Marisol zaczęła gwałtownie krzyczeć, gdy ktoś na nią kładł ręce. Poczuła, jak coś porusza się w jej brzuchu, w górę klatki piersiowej, a potem z ust, jakby powietrze zostało wypuszczone.

Po tym spotkaniu duszność minęła. Jej marzenia się zmieniły. Zaczęła prowadzić spotkania modlitewne – to, co wróg kiedyś próbował z niej wydusić.

Znaki, że możesz być pod wpływem ducha Pythona

- Zmęczenie i ciężkość za każdym razem, gdy próbujesz się modlić lub oddawać cześć Bogu
- Prorockie zamieszanie lub zwodnicze sny
- Ciągłe uczucie duszenia, blokowania lub wiązania
- Depresja lub rozpacz bez wyraźnej przyczyny
- Utrata pragnienia lub motywacji duchowej

Plan działania – przełamanie ograniczeń

1. **Wyznaj skruchę** za wszelkie okultystyczne, paranormalne lub związane z przodkami związki.
2. **Uznaj swoje ciało i ducha za należące wyłącznie do Boga.**
3. **Post i wojna** na podstawie Izajasza 27:1 i Psalmu 91:13.
4. **Namaść swoje gardło, klatkę piersiową i stopy** — domagając się wolności mówienia, oddychania i chodzenia w prawdzie.

Pisma Święte o Wyzwoleniu:

- Dzieje Apostolskie 16:16–18 – Paweł wypędza ducha węża
- Izajasz 27:1 – Bóg karze Lewiatana, uciekającego węża
- Psalm 91 – Ochrona i władza
- Łukasza 10:19 – Władza deptania węży i skorpionów

APLIKACJA GRUPOWA

- Zapytaj: Co blokuje nasze życie modlitewne — zarówno w wymiarze osobistym, jak i zbiorowym?
- Poprowadź grupową modlitwę oddechową — ogłaszając **oddech Boga** (Ruach) nad każdym członkiem grupy.
- Pokonujcie wszelkie fałszywe wpływy proroctw i naciski węży w kulcie i wstawiennictwie.

Narzędzia posługi: Nabożeństwo z wykorzystaniem fletów lub instrumentów oddechowych, symboliczne przecinanie lin, chusty modlitewne do swobodnego oddychania.

Kluczowe spostrzeżenia

Duch Pythona dusi to, co Bóg chce zrodzić. Trzeba się z nim zmierzyć, by odzyskać oddech i odwagę.

Dziennik refleksji

- Kiedy ostatnio czułem się całkowicie wolny podczas modlitwy?
- Czy są jakieś oznaki duchowego zmęczenia, które ignoruję?
- Czy nieświadomie przyjąłem „radę duchową", która przyniosła jeszcze więcej zamieszania?

Modlitwa o wybawienie

Ojcze, w imię Jezusa, łamię każdego ducha, który dławi mój cel. Wyrzekam się ducha węża i wszystkich fałszywych głosów proroczych. Przyjmuję tchnienie Twojego Ducha i oświadczam: Będę oddychał swobodnie, modlił się śmiało i chodził uczciwie. Każdy wąż owinięty wokół mojego życia zostaje odcięty i wygnany. Otrzymuję teraz wyzwolenie. Amen.

DZIEŃ 23: TRON NIEGODZIWOŚCI — BURZENIE TWIERDZ TERYTORIALNYCH

„*Czyż tron nieprawości, który przez prawo knuje zło, będzie miał z Tobą społeczność?*" — Psalm 94:20

„*Nie toczymy walki z krwią i ciałem, lecz z władcami ciemności...*" — List do Efezjan 6:12

Istnieją niewidzialne **trony** — ustanowione w miastach, narodach, rodzinach i systemach — gdzie demoniczne moce **sprawują władzę legalnie** poprzez przymierza, ustawodawstwo, bałwochwalstwo i długotrwałe bunty.

To nie są przypadkowe ataki. To są **intronizowane autorytety**, głęboko zakorzenione w strukturach, które utrwalają zło przez pokolenia.

Dopóki te trony nie zostaną **duchowo zdemontowane**, cykle ciemności będą trwać — bez względu na to, ile modlitw zostanie ofiarowanych na poziomie powierzchni.

Globalne twierdze i trony

- **Afryka** – Trony czarów w królewskich liniach krwi i tradycyjne rady.
- **Europa** – Trony świeckości, masonerii i zalegalizowanej rebelii.
- **Azja** – trony bałwochwalcze w świątyniach przodków i dynastiach politycznych.
- **Ameryka Łacińska** – trony narkotykowego terroru, kultów śmierci i korupcji.
- **Ameryka Północna** – trony perwersji, aborcji i ucisku rasowego.

Trony te wpływają na decyzje, tłumią prawdę i **pochłaniają przeznaczenia**

Zeznania: *Wydanie radnego miejskiego*

W pewnym mieście w Afryce Południowej nowo wybrany radny chrześcijański odkrył, że wszyscy poprzedni urzędnicy albo postradali zmysły, albo się rozwiedli, albo nagle zmarli.

Po kilku dniach modlitwy Pan objawił **tron krwawej ofiary,** zakopany pod budynkiem miejskim. Miejscowy jasnowidz dawno temu umieścił tam amulety w ramach roszczeń terytorialnych.

Radny zebrał orędowników, pościł i odprawił nabożeństwo o północy w sali obrad. Przez trzy noce pracownicy zgłaszali dziwne krzyki dochodzące ze ścian i migotanie prądu.

W ciągu tygodnia zaczęły się zeznania. Ujawniono korupcyjne umowy, a w ciągu kilku miesięcy jakość usług publicznych uległa poprawie. Tron upadł.

Plan działania – Detronizacja ciemności

1. **Zidentyfikuj tron** — poproś Pana, aby pokazał ci twierdze terytorialne w twoim mieście, urzędzie, linii krwi lub regionie.
2. **Nawróćcie się w imieniu kraju** (wstawiennictwo w stylu Księgi Daniela 9).
3. **Oddawaj cześć strategicznie** — trony upadają, gdy bierze górę chwała Boża (zobacz 2 Kron. 20).
4. **Ogłoście,** że jedynym prawdziwym Królem nad tym terytorium jest Jezus.

Wersety podstawowe:

- Psalm 94:20 – Trony nieprawości
- Efezjan 6:12 – Władcy i władze
- Izajasz 28:6 – Duch sprawiedliwości dla tych, którzy podejmują walkę
- 2 Królów 23 – Jojasz niszczy bałwochwalcze ołtarze i trony

ZAANGAŻOWANIE GRUPOWE

- Przeprowadź sesję „mapy duchowej" swojej okolicy lub miasta.
- Zapytaj: Jakie są tutaj cykle grzechu, bólu i ucisku?

- Wyznacz „strażników", którzy będą modlić się co tydzień przy kluczowych bramach: w szkołach, sądach, na targowiskach.
- Poprowadź grupę do wydawania dekretów przeciwko przywódcom duchowym, powołując się na Psalm 149:5–9.

Narzędzia posługi: szofary, mapy miast, oliwa z oliwek do poświęcenia ziemi, przewodniki do modlitwy i spacerów.

Kluczowe spostrzeżenia

Jeśli chcesz zobaczyć przemianę w swoim mieście, **musisz rzucić wyzwanie tronowi, który stoi za systemem** — a nie tylko twarzy, która jest przed nim.

Dziennik refleksji

- Czy w moim mieście lub rodzinie powtarzają się konflikty, które wydają mi się ważniejsze ode mnie?
- Czy odziedziczyłem walkę o tron, na który nie wstąpiłem?
- Których „władców" należy odsunąć od władzy poprzez modlitwę?

Modlitwa wojenna

O Panie, obnaż każdy tron nieprawości panujący nad moim terytorium. Ogłaszam imię Jezusa jako jedynego Króla! Niech każdy ukryty ołtarz, prawo, pakt i moc wymuszająca ciemność zostaną rozproszone ogniem. Zajmuję swoje miejsce jako orędownik. Przez krew Baranka i słowo mojego świadectwa, burzę trony i intronizuję Chrystusa nad moim domem, miastem i narodem. W imię Jezusa. Amen.

DZIEŃ 24: FRAGMENTY DUSZY – GDY BRAKUJE CZĘŚCI CIEBIE

„*On przywraca moją duszę...*" — Psalm 23:3
„*Uleczę twoje rany, mówi Pan, bo nazywają cię odrzuconym...*" — Jeremiasz 30:17

Trauma potrafi roztrzaskać duszę. Nadużycia. Odrzucenie. Zdrada. Nagły strach. Przedłużający się żal. Te doświadczenia nie tylko pozostawiają wspomnienia – one **łamią twoje wewnętrzne ja**.

Wielu ludzi wygląda na kompletnych, ale żyje z **brakującymi fragmentami siebie**. Ich radość jest rozbita. Ich tożsamość rozproszona. Są uwięzieni w emocjonalnych strefach czasowych – część z nich tkwi w bolesnej przeszłości, podczas gdy ciało wciąż się starzeje.

Są to **fragmenty duszy** — części twojego emocjonalnego, psychologicznego i duchowego „ja", które zostały oderwane na skutek traumy, ingerencji demonicznej lub manipulacji czarów.

Dopóki te kawałki nie zostaną zebrane, uzdrowione i na nowo zintegrowane przez Jezusa, **prawdziwa wolność pozostanie nieuchwytna**.

Globalne praktyki kradzieży dusz

- **Afryka** – Szamani zamykający „esencję" ludzi w słoikach lub lustrach.
- **Azja** – Rytuały uwięzienia duszy przez guru lub praktykujących tantrę.
- **Ameryka Łacińska** – szamańskie rozdwojenie duszy w celu kontroli lub przekleństwa.
- **Europa** – Okultystyczna magia zwierciadła, używana do rozbicia tożsamości lub kradzieży przysług.
- **Ameryka Północna** – Traumatyczne przeżycia będące wynikiem molestowania, aborcji lub utraty tożsamości często pozostawiają

głębokie rany duszy i jej rozbicie.

Historia: *Dziewczyna, która nie potrafiła czuć*

Andrea, 25-latka z Hiszpanii, przez lata doświadczała molestowania ze strony członka rodziny. Choć przyjęła Jezusa, pozostała emocjonalnie odrętwiała. Nie potrafiła płakać, kochać ani odczuwać empatii.

Pewien odwiedzający ją duchowny zadał jej dziwne pytanie: „Gdzie zostawiłaś swoją radość?". Kiedy Andrea zamknęła oczy, przypomniała sobie, jak miała 9 lat, była zamknięta w szafie i powtarzała sobie: „Nigdy już nic nie poczuję".

Modlili się razem. Andrea przebaczyła, wyrzekła się wewnętrznych przysiąg i zaprosiła Jezusa do tego szczególnego wspomnienia. Po raz pierwszy od lat rozpłakała się niepohamowanie. Tego dnia **jej dusza została uzdrowiona**.

Plan działania – odzyskiwanie i uzdrawianie duszy

1. Zapytaj Ducha Świętego: *Gdzie utraciłem część siebie?*
2. Wybacz każdemu, kto miał związek z tą chwilą i **wyzbądź się wewnętrznych przyrzeczeń,** takich jak „Nigdy więcej nie zaufam".
3. Zaproś Jezusa do wspomnienia i przemów do niego słowami uzdrowienia.
4. Módl się: *„Panie, przywróć moją duszę. Wzywam każdą cząstkę mnie, aby powróciła i została uzdrowiona".*

Kluczowe fragmenty Pisma Świętego:

- Psalm 23:3 – On przywraca duszę
- Łukasza 4:18 – Uzdrawianie złamanych serc
- 1 Tesaloniczan 5:23 – Duch, dusza i ciało zachowane
- Jeremiasz 30:17 – Uzdrowienie dla wyrzutków i ran

Aplikacja grupowa

- Poprowadź członków przez **sesję modlitwy mającą na celu wewnętrzne uzdrowienie**.
- Zapytaj: *Czy w twoim życiu były chwile, w których przestałeś ufać, czuć*

lub marzyć?
- Odegraj rolę „powrotu do tego pokoju" z Jezusem i obserwuj, jak uzdrawia ranę.
- Niech zaufani przywódcy delikatnie położą ręce na głowach i ogłoszą odnowę duszy.

Narzędzia duszpasterskie: muzyka uwielbieniowa, łagodne oświetlenie, chusteczki, podpowiedzi do pisania pamiętnika.

Kluczowe spostrzeżenia

Wyzwolenie to nie tylko wypędzanie demonów. To **zebranie połamanych kawałków i przywrócenie tożsamości**.

Dziennik refleksji

- Jakie traumatyczne wydarzenia nadal wpływają na to, jak myślę i czuję?
- Czy kiedykolwiek powiedziałem: „Nigdy więcej nie pokocham" lub „Nie mogę już nikomu ufać"?
- Jak dla mnie wygląda „całość" i czy jestem na nią gotowy?

MODLITWA O PRZYWRÓCENIE

Jezu, jesteś Pasterzem mojej duszy. Przynoszę Ci każde miejsce, w którym zostałem złamany – strachem, wstydem, bólem lub zdradą. Łamię każdą wewnętrzną przysięgę i przekleństwo wypowiedziane w traumie. Wybaczam tym, którzy mnie zranili. Teraz wzywam każdą cząstkę mojej duszy, aby powróciła. Przywróć mnie w pełni – ducha, duszę i ciało. Nie jestem złamany na zawsze. Jestem cały w Tobie. W imię Jezusa. Amen.

DZIEŃ 25: KLĄTWA DZIWNYCH DZIECI – GDY LOSOWANIE ZMIENIA SIĘ W CHWILI NARODZIN

„*Ich dzieci to obce dzieci: oto miesiąc pochłonie ich wraz z ich dobrami*" — Ozeasz 5:7

„*Zanim ukształtowałem cię w łonie matki, znałem cię...*" — Jeremiasz 1:5

Nie każde dziecko urodzone w danym domu było przeznaczone dla tego domu.

Nie każde dziecko noszące twoje DNA niesie w sobie twoje dziedzictwo.

Wróg od dawna wykorzystuje **narodziny jako pole bitwy** — zamieniając przeznaczenia, tworząc fałszywe potomstwo, wprowadzając dzieci w mroczne przymierza i manipulując macicami, zanim jeszcze dojdzie do poczęcia.

To nie tylko kwestia fizyczna. To **transakcja duchowa** – obejmująca ołtarze, ofiary i demoniczne praktyki prawne.

Kim są dziwne dzieci?

„Dziwne dzieci" to:

- Dzieci urodzone w wyniku okultystycznych poświęceń, rytuałów lub przymierzy seksualnych.
- Potomstwo zamienione przy narodzinach (duchowo lub fizycznie).
- Dzieci niosące ze sobą mroczne zadania do rodziny lub rodu.
- Dusze uwięzione w łonie matki za sprawą czarów, nekromancji lub ołtarzy pokoleniowych.

Wiele dzieci dorasta w buncie, uzależnieniu, nienawiści do rodziców lub do siebie — nie tylko z powodu złego wychowania, ale także dlatego, że **to, kto zaopiekował się nimi duchowo przy narodzinach** .

WYRAŻENIA GLOBALNE

- **Afryka** – wymiana duchowa w szpitalach, zanieczyszczenie macicy przez duchy morskie lub rytualny seks.
- **Indie** – Dzieci przed urodzeniem są inicjowane w świątyniach lub otrzymują przeznaczenie oparte na karmie.
- **Haiti i Ameryka Łacińska** – poświęcenia santerialne, dzieci poczęte na ołtarzach lub po czarach.
- **Kraje Zachodu** – praktyki zapłodnienia in vitro i macierzyństwa zastępczego, czasami powiązane z okultystycznymi kontraktami lub liniami dawców; aborcje, które otwierają drzwi do sfery duchowej.
- **Kultury tubylcze na całym świecie** – ceremonie nadawania imion duchom lub totemiczne przekazy tożsamości.

Historia: *Dziecko z niewłaściwym duchem*

Clara, pielęgniarka z Ugandy, opowiedziała o kobiecie, która przyniosła noworodka na spotkanie modlitewne. Dziecko nieustannie krzyczało, nie chciało mleka i reagowało agresywnie na modlitwę.

Prorocze słowo ujawniło, że dziecko zostało „wymienione" w duchu przy narodzinach. Matka wyznała, że szaman modlił się nad jej brzuchem, gdy rozpaczliwie pragnęła dziecka.

Dzięki pokucie i intensywnym modlitwom o uwolnienie, dziecko najpierw osłabło, a potem odzyskało spokój. Później rozwijało się prawidłowo, wykazując oznaki odzyskanego spokoju i rozwoju.

Nie wszystkie dolegliwości u dzieci są naturalne. Niektóre są **objawami od poczęcia**.

Plan działania – Odzyskiwanie przeznaczenia macicy

1. Jeśli jesteś rodzicem, **na nowo oddaj swoje dziecko Jezusowi Chrystusowi**.
2. Wyrzeknij się wszelkich prenatalnych klątw, poświęceń i przymierzy — nawet tych nieświadomie złożonych przez przodków.
3. Módl się bezpośrednio do ducha swojego dziecka: *„Należysz do Boga. Twoje przeznaczenie zostało przywrócone"*.
4. Jeżeli nie masz dzieci, módl się nad swoim łonem, odrzucając wszelkie

formy duchowej manipulacji lub ingerencji.

Kluczowe fragmenty Pisma Świętego:

- Ozeasza 9:11–16 – Sąd nad obcym potomstwem
- Izajasz 49:25 – Walcz o swoje dzieci
- Łukasza 1:41 – Dzieci napełnione Duchem od urodzenia
- Psalm 139:13–16 – Zamierzony zamysł Boga w łonie matki

Zaangażowanie grupowe

- Poproś rodziców o przyniesienie imion lub zdjęć swoich dzieci.
- Nad każdym imieniem wypowiedz: „Tożsamość twojego dziecka została przywrócona. Każda obca ręka została odcięta".
- Módlmy się o duchowe oczyszczenie macicy dla wszystkich kobiet (i mężczyzn jako duchowych nosicieli nasienia).
- Komunia symbolizuje odzyskanie przeznaczenia linii krwi.

Narzędzia duszpasterskie: Komunia święta, olej do namaszczania, wydrukowane imiona lub rzeczy dla niemowląt (opcjonalnie).

Kluczowe spostrzeżenia

Szatan atakuje łono matki, ponieważ **to tam kształtują się prorocy, wojownicy i przeznaczenia**. Ale każde dziecko może zostać odzyskane przez Chrystusa.

Dziennik refleksji

- Czy miałam kiedyś dziwne sny w czasie ciąży lub po porodzie?
- Czy moje dzieci zmagają się z problemami, które wydają się nienaturalne?
- Czy jestem gotowy zmierzyć się z duchowymi źródłami buntu lub opóźnienia pokoleniowego?

Modlitwa o odzyskanie

Ojcze, przynoszę moje łono, moje nasienie i moje dzieci do Twojego ołtarza. Żałuję za każde przejście – znane czy nieznane – które dało dostęp wrogowi. Łamię każdą klątwę, poświęcenie i demoniczne zadanie związane z moimi dziećmi. Mówię nad nimi: Jesteście święci, wybrani i zapieczętowani dla chwały Bożej. Wasze przeznaczenie jest odkupione. W imię Jezusa. Amen.

DZIEŃ 26: UKRYTE OŁTARZE MOCY — UWOLNIENIE SIĘ OD ELITARNYCH OKULTYSTYCZNYCH PRZYMIERZEŃ

"Ponownie wziął Go diabeł na bardzo wysoką górę i pokazał Mu wszystkie królestwa świata oraz ich chwałę. I rzekł: «Dam Ci to wszystko, jeśli upadniesz na twarz i oddasz mi pokłon»" — Ewangelia Mateusza 4:8–9

Wielu uważa, że moc szatana tkwi jedynie w zakulisowych rytuałach lub mrocznych wioskach. Jednak niektóre z najniebezpieczniejszych przymierzy kryją się za eleganckimi garniturami, elitarnymi klubami i wpływami wielu pokoleń.

To **ołtarze mocy** – tworzone przez krwawe przysięgi, inicjacje, tajemne symbole i ustne przysięgi, które wiążą jednostki, rodziny, a nawet całe narody z panowaniem Lucyfera. Od masonerii po rytuały kabalistyczne, od inicjacji gwiazd Wschodu po starożytne egipskie i babilońskie szkoły misteryjne – obiecują oświecenie, ale sprowadzają niewolę.

Globalne połączenia

- **Europa i Ameryka Północna** – masoneria, różokrzyżowcy, Zakon Złotego Brzasku, Skull & Bones, Bohemian Grove, inicjacje kabały.
- **Afryka** – polityczne pakty krwi, układy z duchami przodków o władzę, sojusze czarownic na wysokim szczeblu.
- **Azja** – Oświecone społeczeństwa, pakty z duchami smoków, dynastie linii krwi związane ze starożytną magią.
- **Ameryka Łacińska** – polityczna santeria, rytualna ochrona powiązana z kartelami, pakty zawierane dla sukcesu i immunitetu.
- **Bliski Wschód** – starożytne obrzędy babilońskie i asyryjskie przekazywane pod płaszczykiem kultu religijnego lub królewskiego.

Świadectwo – Wnuk masona odnajduje wolność

Carlos, wychowany w wpływowej rodzinie w Argentynie, nigdy nie dowiedział się, że jego dziadek osiągnął 33. stopień wtajemniczenia w masonerię. Dziwne objawy nękały jego życie – paraliż senny, problemy w związkach i ciągła niezdolność do rozwoju, niezależnie od tego, jak bardzo się starał.

Po uczestnictwie w nauczaniu o uwolnieniu, które ujawniło elitarne powiązania okultystyczne, zmierzył się z historią swojej rodziny i odnalazł masońskie insygnia oraz ukryte dzienniki. Podczas postu o północy wyrzekł się wszelkich przymierzy krwi i ogłosił wolność w Chrystusie. W tym samym tygodniu otrzymał przełom w pracy, na który czekał latami.

Ołtarze na wysokim szczeblu stwarzają sprzeciw na wysokim szczeblu — ale **krew Jezusa** przemawia głośniej niż jakakolwiek przysięga czy rytuał.

Plan działania – ujawnienie ukrytej loży

1. **Zbadaj**: Czy w twoim rodowodzie występują powiązania masońskie, ezoteryczne lub tajne?
2. **Wyrzeknij się** każdego znanego i nieznanego przymierza, korzystając z deklaracji opartych na Ewangelii Mateusza 10:26–28.
3. **Spal lub usuń** wszelkie symbole okultystyczne: piramidy, wszystkowidzące oczy, kompasy, obeliski, pierścienie i szaty.
4. **Módl się głośno**:

„*Łamię wszelkie ukryte umowy z tajnymi stowarzyszeniami, kultami światła i fałszywymi bractwami. Służę tylko Panu Jezusowi Chrystusowi*".

Aplikacja grupowa

- Poproś członków, aby wypisali wszelkie znane lub podejrzewane powiązania z elitarnymi okultyzmami.
- Dokonaj **symbolicznego aktu zerwania więzów** — podrzyj papiery, spal obrazy lub namaść swoje czoło olejkiem na znak rozłąki.
- **Psalm 2** obwieszcza upadek narodowych i rodzinnych spisków przeciwko pomazańcom Pana.

Kluczowe spostrzeżenia

Najsilniejszy uścisk szatana często kryje się pod osłoną tajemnicy i prestiżu. Prawdziwa wolność zaczyna się, gdy obnażasz, wyrzekasz się i zastępujesz te ołtarze uwielbieniem i prawdą.

Dziennik refleksji

- Czy odziedziczyłem bogactwo, władzę lub możliwości, które wydają mi się duchowo „dziwne"?
- Czy istnieją jakieś tajne powiązania w moim pochodzeniu, które zignorowałem?
- Ile będzie mnie kosztowało odcięcie się od bezbożnego dostępu do władzy — i czy jestem na to gotowy?

Modlitwa o wybawienie

Ojcze, wychodzę z każdej ukrytej loży, ołtarza i umowy – w moim imieniu lub w imieniu mojego rodu. Zrywam wszelkie więzy duszy, wszelkie więzy krwi i wszelkie przysięgi złożone świadomie lub nieświadomie. Jezu, Ty jesteś moim jedynym Światłem, moją jedyną Prawdą i moim jedynym schronieniem. Niech Twój ogień strawi wszelkie bezbożne powiązania z władzą, wpływami i oszustwem. Otrzymuję całkowitą wolność w imię Jezusa. Amen.

DZIEŃ 27: NIEŚWIĘTE SOJUSZE — MASONERIA, ILLUMINATI I DUCHOWA INFLACJA

„*Nie miejcie nic wspólnego z bezowocnymi uczynkami ciemności, ale je raczej piętnujcie*" — Efezjan 5:11

„*Nie możecie pić kielicha Pańskiego i kielicha demonów*" — 1 Koryntian 10:21

Istnieją tajne stowarzyszenia i globalne sieci, które podszywają się pod nieszkodliwe organizacje braterskie – oferujące dobroczynność, łączność lub oświecenie. Ale za kurtyną kryją się głębsze przysięgi, rytuały krwi, więzy dusz i warstwy doktryny lucyferiańskiej skrywane w „świetle".

Masoneria, Illuminati, Eastern Star, Skull and Bones i ich siostrzane sieci to nie tylko kluby towarzyskie. To ołtarze wierności – niektóre sięgające wieków wstecz – stworzone, by duchowo infiltrować rodziny, rządy, a nawet kościoły.

Globalny zasięg

- **Ameryka Północna i Europa** – świątynie wolnomularskie, loże obrządku szkockiego, muzeum Skull & Bones na Uniwersytecie Yale'a.
- **Afryka** – inicjacje polityczne i królewskie z rytuałami masońskimi, pakty krwi zapewniające ochronę lub władzę.
- **Azja** – szkoły kabały skrywające tajemnice oświecenia, tajemne obrzędy monastyczne.
- **Ameryka Łacińska** – ukryte elitarne zakony, Santeria połączona z wpływami elit i paktami krwi.
- **Bliski Wschód** – starożytne babilońskie tajne stowarzyszenia powiązane ze strukturami władzy i kultem fałszywego światła.

SIECI TE CZĘSTO:

- Wymagają krwi lub ustnych przysiąg.
- Używaj symboli okultystycznych (kompasów, piramid, oczu).
- Przeprowadzanie ceremonii w celu przywołania lub poświęcenia swojej duszy danemu zakonowi.
- Udzielaj wpływów i bogactw w zamian za kontrolę duchową.

Świadectwo – Spowiedź biskupa

Pewien biskup z Afryki Wschodniej wyznał przed swoim kościołem, że kiedyś, będąc na studiach, wstąpił do masonerii na niskim szczeblu – tylko dla „koneksji". Ale w miarę jak awansował, zaczął dostrzegać dziwne wymagania: przysięgę milczenia, ceremonie z opaskami na oczy i symbolami oraz „światło", które oziębiało jego życie modlitewne. Przestał marzyć. Nie mógł czytać Pisma Świętego.

Po pokucie i publicznym potępieniu każdego stopnia i ślubowania, duchowa mgła opadła. Dziś śmiało głosi Chrystusa, demaskując to, w czym kiedyś uczestniczył. Łańcuchy były niewidzialne – aż do ich zerwania.

Plan działania – Zwalczanie wpływów masonerii i tajnych stowarzyszeń

1. **Zidentyfikuj** jakiekolwiek osobiste lub rodzinne powiązania z masonerią, różokrzyżowcami, kabałą, Skull and Bones lub podobnymi tajnymi stowarzyszeniami.
2. **Wyrzeknij się każdego poziomu lub stopnia wtajemniczenia**, od 1. do 33. lub wyższego, włączając w to wszystkie rytuały, symbole i przysięgi. (W internecie znajdziesz wyrzeczenia prowadzące do uwolnienia).
3. **Módl się z autorytetem**:

„Zrywam wszelkie więzy duszy, przymierze krwi i przysięgę złożoną tajnym stowarzyszeniom – przeze mnie lub w moim imieniu. Odzyskuję swoją duszę dla Jezusa Chrystusa!"

1. **Zniszcz przedmioty o charakterze symbolicznym**: insygnia,

książki, certyfikaty, pierścionki lub oprawione obrazy.
2. **Ogłoś** wolność za pomocą:
   - *Galacjan 5:1*
   - *Psalm 2:1–6*
   - *Izajasz 28:15–18*

Aplikacja grupowa

- Niech grupa zamknie oczy i poprosi Ducha Świętego o ujawnienie wszelkich tajnych powiązań i więzi rodzinnych.
- Wyrzeczenie się korporacji: zmów modlitwę, aby potępić wszelkie znane lub nieznane powiązania z elitarnymi zamówieniami.
- Wykorzystajcie komunię, aby przypieczętować zerwanie i odnowić przymierza z Chrystusem.
- Namaść głowy i ręce — przywracając jasność umysłu i święte dzieła.

Kluczowe spostrzeżenia

To, co świat nazywa „elitą", Bóg może nazwać obrzydliwością. Nie każdy wpływ jest święty – i nie każde światło jest Światłem. Nie ma czegoś takiego jak nieszkodliwa tajemnica, jeśli chodzi o duchowe przysięgi.

Dziennik refleksji

- Czy należałem do tajnych zakonów albo mistycznych grup oświeceniowych, albo byłem nimi zainteresowany?
- Czy w mojej wierze widać oznaki duchowej ślepoty, stagnacji lub chłodu?
- Czy muszę podchodzić do zaangażowania rodzinnego z odwagą i wdziękiem?

Modlitwa o wolność

Panie Jezu, staję przed Tobą jako jedynym prawdziwym Światłem. Wyrzekam się wszelkich więzów, wszelkich przysiąg, wszelkiego fałszywego światła i wszelkich ukrytych zakonów, które mnie powołują. Odcinam się od masonerii, tajnych stowarzyszeń, starożytnych bractw i wszelkich duchowych więzów związanych z ciemnością. Oświadczam, że jestem pod krwią samego Jezusa – zapieczętowany, wyzwolony i wolny. Niech Twój Duch wypali wszelkie pozostałości tych przymierzy. W imię Jezusa, amen.

DZIEŃ 28: KABAŁA, SIATKI ENERGETYCZNE I POCIĄG MISTYCZNEGO „ŚWIATŁA"

„*Sam bowiem szatan podaje się za anioła światłości*" — 2 Koryntian 11:14
„*Światło, które jest w tobie, jest ciemnością. Jakże głęboka jest ta ciemność!*" — Łukasza 11:35

W epoce obsesyjnie nastawionej na duchowe oświecenie, wielu nieświadomie zagłębia się w starożytne praktyki kabalistyczne, uzdrawianie energią i mistyczne nauki o świetle zakorzenione w doktrynach okultystycznych. Nauki te często kryją się pod maską „chrześcijańskiego mistycyzmu", „żydowskiej mądrości" lub „duchowości opartej na nauce" – ale ich korzenie sięgają Babilonu, a nie Syjonu.

Kabała to nie tylko żydowski system filozoficzny; to duchowa matryca zbudowana na tajnych kodach, boskich emanacjach (sfirot) i ezoterycznych ścieżkach. To ta sama uwodzicielska magia, która kryje się za tarotem, numerologią, portalami zodiaku i siatkami New Age.

Wiele gwiazd, osób wpływowych i potentatów biznesowych nosi czerwone sznurki, medytuje z energią kryształów lub przestrzega zasad Zoharu, nie zdając sobie sprawy, że biorą udział w niewidzialnym systemie duchowej pułapki.

Globalne splątania

- **Ameryka Północna** – ośrodki kabały udające przestrzenie wellness; prowadzone medytacje energetyczne.
- **Europa** – druidzkie kabały i ezoteryczne chrześcijaństwo nauczane w tajnych zakonach.
- **Afryka** – kulty dobrobytu łączą pisma święte z numerologią i portalami energetycznymi.
- **Azja** – leczenie czakrami zmieniło nazwę na „aktywację światłem"

zgodną z uniwersalnymi kodami.
- **Ameryka Łacińska** – Święci mieszają się z kabalistycznymi archaniołami w mistycznym katolicyzmie.

Oto uwodzenie fałszywym światłem – gdzie wiedza staje się bogiem, a oświecenie więzieniem.

Prawdziwe świadectwo – ucieczka z „pułapki światła"

Marisol, południowoamerykańska trenerka biznesu, myślała, że odkryła prawdziwą mądrość dzięki numerologii i „boskiemu przepływowi energii" od kabalistycznego mentora. Jej sny stały się wyraziste, a wizje ostre. Ale jej spokój? Zniknął. Jej związki? Rozpadły się.

Mimo codziennych „modlitw o światło" Marisol czuła się dręczona przez cieniste istoty we śnie. Przyjaciółka przesłała jej wideo ze świadectwem byłej mistyczki, która spotkała Jezusa. Tej nocy Marisol zawołała Jezusa. Zobaczyła oślepiające białe światło – nie mistyczne, lecz czyste. Powrócił spokój. Zniszczyła swoje materiały i rozpoczęła swoją drogę do wyzwolenia. Dziś prowadzi chrystusocentryczną platformę mentorską dla kobiet uwięzionych w duchowym oszustwie.

Plan działania – wyrzeczenie się fałszywego oświecenia

1. **Przeprowadź audyt** swojego narażenia: Czy czytałeś mistyczne księgi, praktykowałeś uzdrawianie energią, postępowałeś zgodnie z horoskopami lub nosiłeś czerwone sznurki?
2. **Żałuj**, że szukasz światła poza Chrystusem.
3. **Zerwij więzi** z:
    - Nauki Kabały/Zoharu
    - Medycyna energetyczna lub aktywacja światłem
    - Przywoływanie aniołów lub dekodowanie imion
    - Święta geometria, numerologia, czyli „kody"
4. **Módl się głośno**:

„Jezu, Ty jesteś Światłością świata. Wyrzekam się wszelkiego fałszywego światła, wszelkich nauk okultystycznych i wszelkich mistycznych pułapek. Wracam do Ciebie jako mojego jedynego źródła prawdy!"

1. **Pisma Święte do ogłoszenia:**
   - Jana 8:12
   - Powtórzonego Prawa 18:10–12
   - Izajasz 2:6
   - 2 Koryntian 11:13–15

Aplikacja grupowa

- Zapytaj: Czy ty (lub twoja rodzina) kiedykolwiek brałeś udział w zajęciach New Age, numerologii, kabale lub mistycznych naukach „światła" lub byłeś z nimi narażony?
- Grupowe wyrzeczenie się fałszywego światła i ponowne poświęcenie się Jezusowi jako jedynemu Światłu.
- Zastosuj obraz soli i światła — daj każdemu uczestnikowi szczyptę soli i świecę, aby mógł oznajmić: „Jestem solą i światłem tylko w Chrystusie".

Kluczowe spostrzeżenia

Nie każde światło jest święte. To, co rozświetla się poza Chrystusem, w końcu zostanie pochłonięte.

Dziennik refleksji

- Czy szukałem wiedzy, mocy i uzdrowienia poza Słowem Bożym?
- Jakich duchowych narzędzi i nauk muszę się pozbyć?
- Czy jest ktoś, kogo zapoznałem z praktykami New Age lub praktykami „light", i kogo teraz muszę pokierować?

Modlitwa o wybawienie

Ojcze, odchodzę od wszelkiego ducha fałszywego światła, mistycyzmu i tajemnej wiedzy. Wyrzekam się kabały, numerologii, świętej geometrii i wszelkich mrocznych kodów udających światło. Oświadczam, że Jezus jest Światłem mojego życia. Odchodzę od ścieżki oszustwa i wkraczam w prawdę. Oczyść mnie Swoim ogniem i napełnij Duchem Świętym. W imię Jezusa. Amen.

DZIEŃ 29: ZASŁONA ILLUMINATI – DEMASKOWANIE ELITARNYCH SIECI OKULTYSTYCZNYCH

„*Królowie ziemi powstają, a władcy gromadzą się razem przeciw Panu i przeciw Jego Pomazańcowi*" — Psalm 2:2
„*Nie ma nic ukrytego, co by nie miało być ujawnione, i nic tajemnego, co by nie miało wyjść na światło dzienne*" — Łukasza 8:17

Istnieje świat w naszym świecie. Ukryty na widoku.

Od Hollywood po wielką finansjerę, od politycznych korytarzy po muzyczne imperia, sieć mrocznych sojuszy i duchowych kontraktów rządzi systemami, które kształtują kulturę, myśl i władzę. To coś więcej niż spisek – to starożytna rebelia przepakowana na współczesną scenę.

W swej istocie Illuminati to nie tylko tajne stowarzyszenie – to lucyferiański plan. Duchowa piramida, w której ci na szczycie przysięgają wierność poprzez krew, rytuały i wymianę dusz, często opakowaną w symbole, modę i popkulturę, by kształtować masy.

Nie chodzi o paranoję. Chodzi o świadomość.

PRAWDZIWA HISTORIA – podróż od sławy do wiary

Marcus był wschodzącą gwiazdą wśród producentów muzycznych w USA. Kiedy jego trzeci wielki hit trafił na listy przebojów, został wprowadzony do ekskluzywnego klubu – wpływowych mężczyzn i kobiet, duchowych „mentorów", kontraktów owianych tajemnicą. Początkowo wydawało się to elitarnym mentoringiem. Potem nadeszły sesje „inwokacji" – ciemne pomieszczenia, czerwone światła, śpiewy i rytuały lustrzane. Zaczął doświadczać podróży poza ciałem, a głosy szeptały mu pieśni nocą.

Pewnej nocy, pod wpływem i torturami, próbował odebrać sobie życie. Ale Jezus zainterweniował. Wstawiennictwo modlącej się babci przeważyło. Uciekł, wyrzekł się systemu i rozpoczął długą podróż ku wyzwoleniu. Dziś obnaża mrok panujący w branży poprzez muzykę, która daje świadectwo światłu.

UKRYTE SYSTEMY KONTROLI

- **Ofiary krwi i rytuały seksualne** – Inicjacja władzy wymaga wymiany: ciała, krwi lub niewinności.
- **Programowanie umysłu (wzorce MK Ultra)** – stosowane w mediach, muzyce i polityce w celu kreowania rozbitych tożsamości i osób nimi zarządzających.
- **Symbolika** – oczy w kształcie piramid, feniksy, podłogi w szachownicę, sowy i odwrócone gwiazdy – bramy wierności.
- **Doktryna lucyferiańska** – „Czyń, co chcesz", „Stań się swoim własnym bogiem", „ Oświecenie Nosiciela Światła ".

Plan działania – uwolnienie się od elitarnych sieci

1. **Żałuj** za uczestnictwo w jakimkolwiek systemie związanym z okultystycznym władaniem, nawet jeśli nieświadomie (muzyka, media, kontrakty).
2. **wyrzeknij się** sławy, ukrytych przymierzy i fascynacji elitarnym stylem życia.
3. **Módl się nad** każdą umową, marką lub siecią, w której uczestniczysz . Proś Ducha Świętego, aby ujawnił ukryte powiązania.
4. **Wypowiedz głośno** :

„Odrzucam każdy system, przysięgę i symbol ciemności. Należę do Królestwa Światła. Moja dusza nie jest na sprzedaż!"

1. **Wersety zakotwiczające** :
    - Izajasz 28:15–18 – Przymierze ze śmiercią nie przetrwa
    - Psalm 2 – Bóg śmieje się ze złych spisków

- 1 Koryntian 2:6–8 – Władcy tego świata nie rozumieją mądrości Bożej

APLIKACJA GRUPOWA

- Poprowadź grupę w sesji **oczyszczania symboli** — przynieś obrazy lub logo, co do których uczestnicy mają pytania.
- Zachęcaj ludzi, aby podzielili się informacjami na temat miejsc, w których widzieli znaki Illuminati w kulturze popularnej i jak wpłynęło to na ich poglądy.
- Zachęć uczestników, aby **ponownie poświęcili swój wpływ** (muzykę, modę, media) celowi Chrystusa.

Kluczowe spostrzeżenia
Najpotężniejsze oszustwo kryje się pod maską. Ale gdy maska zostanie zdjęta, łańcuchy pękają.

Dziennik refleksji

- Czy pociągają mnie symbole i ruchy, których nie do końca rozumiem?
- Czy składałem śluby i zawierałem umowy w pogoni za wpływami i sławą?
- Którą część moich darów lub platformy muszę ponownie oddać Bogu?

Modlitwa o wolność
Ojcze, odrzucam wszelkie ukryte struktury, przysięgi i wpływy Illuminati i elitarnego okultyzmu. Wyrzekam się sławy bez Ciebie, władzy bez celu i wiedzy bez Ducha Świętego. Anuluję każde przymierze krwi lub słowa, kiedykolwiek zawarte nade mną, świadomie lub nieświadomie. Jezu, intronizuję Cię jako Pana mojego umysłu, darów i przeznaczenia. Ujawnij i zniszcz każdy niewidzialny łańcuch. W Twoim imieniu powstaję i kroczę w świetle. Amen.

DZIEŃ 30: SZKOŁY TAJEMNIC — STAROŻYTNE SEKRETY, WSPÓŁCZESNE NIEWOLI

„Gardła ich są jak groby otwarte, języki ich knują podstęp. Jad żmijowy jest na ich wargach." — Rzymian 3:13

„Nie nazywajcie spiskiem wszystkiego, co ten lud nazywa spiskiem; nie bójcie się tego, czego on się boi... Pan Zastępów jest tym, którego uważacie za Świętego..." — Izajasza 8:12–13

Na długo przed Illuminati istniały starożytne szkoły tajemnic – w Egipcie, Babilonie, Grecji i Persji – stworzone nie tylko po to, by przekazywać „wiedzę", ale także by budzić nadprzyrodzone moce poprzez mroczne rytuały. Dziś szkoły te odradzają się na elitarnych uniwersytetach, w ośrodkach duchowych, obozach „świadomości", a nawet poprzez internetowe kursy szkoleniowe podszywające się pod rozwój osobisty lub przebudzenie wyższej świadomości.

Od kręgów kabalistycznych, przez teozofię, zakony hermetyczne, po różokrzyżowców – cel jest ten sam: „stać się jak bogowie", budząc uśpioną moc bez podporządkowywania się Bogu. Ukryte śpiewy, święta geometria, projekcja astralna, odblokowywanie szyszynki i rytuały ceremonialne sprowadzają wielu w duchową niewolę pod płaszczykiem „światła".

Ale każde „światło" niemające korzeni w Jezusie jest światłem fałszywym. I każda ukryta przysięga musi zostać złamana.

Prawdziwa historia – od adepta do porzuconego

Sandra*, południowoafrykańska trenerka wellness, przeszła inicjację do egipskiego zakonu misteriów w ramach programu mentorskiego. Szkolenie obejmowało ustawianie czakr, medytacje słoneczne, rytuały księżycowe i starożytne zwoje mądrości. Zaczęła doświadczać „ściągnięć" i „wniebowstąpień", ale wkrótce przerodziły się one w ataki paniki, paraliż senny i epizody samobójcze.

Kiedy duchowny uwolnienia ujawnił źródło, Sandra zdała sobie sprawę, że jej dusza jest spętana ślubami i kontraktami duchowymi. Wyrzeczenie się zakonu oznaczało utratę dochodów i kontaktów – ale odzyskała wolność. Dziś prowadzi ośrodek uzdrawiania skupiony na Chrystusie, ostrzegając innych przed oszustwami New Age.

Wspólne wątki dzisiejszych szkół tajemnic

- **Kręgi kabały** – mistycyzm żydowski połączony z numerologią, kultem aniołów i płaszczyznami astralnymi.
- **Hermetyzm** – doktryna „Jak na górze, tak na dole"; dająca duszy możliwość manipulowania rzeczywistością.
- **Różokrzyżowcy** – Tajemne zakony związane z przemianą alchemiczną i wniebowstąpieniem duchowym.
- **Wolnomularstwo i bractwa ezoteryczne** – stopniowa progresja do ukrytego światła; każdy stopień związany przysięgami i rytuałami.
- **Rekolekcje duchowe** – ceremonie „oświecenia" psychodelicznego z szamanami lub „przewodnikami".

Plan działania – zerwanie starożytnych jarzm

1. **Wyrzeknij się** wszystkich przymierzy zawartych poprzez inicjacje, kursy i kontrakty duchowe poza Chrystusem.
2. **Zniszcz** moc każdego źródła „światła" lub „energii", które nie ma korzeni w Duchu Świętym.
3. **Oczyść** swój dom z symboli: ankhów, oka Horusa, świętej geometrii, ołtarzy, kadzideł, posągów i ksiąg rytualnych.
4. **Wypowiedz głośno** :

„Odrzucam każdą starożytną i współczesną ścieżkę do fałszywego światła. Poddaję się Jezusowi Chrystusowi, prawdziwemu Światłu. Każda tajemna przysięga jest złamana Jego krwią".

PISMA ŚWIĘTE KOTWICOWE

- Kolosan 2:8 – Żadnej pustej i zwodniczej filozofii
- Jan 1:4–5 – Prawdziwe światło świeci w ciemności
- 1 Koryntian 1:19–20 – Bóg niszczy mądrość mądrych

APLIKACJA GRUPOWA

- Zorganizuj symboliczną noc „palenia zwojów" (Dzieje Apostolskie 19:19) — podczas której członkowie grupy przyniosą i zniszczą wszelkie okultystyczne księgi, biżuterię i inne przedmioty.
- Módlcie się za ludzi, którzy „ściągnęli" dziwną wiedzę lub otworzyli czakry trzeciego oka poprzez medytację.
- Przeprowadź uczestników przez modlitwę **„przeniesienia światła"** – poproś Ducha Świętego, aby przejął kontrolę nad każdym obszarem, który wcześniej został poddany okultystycznemu światłu.

KLUCZOWE SPOSTRZEŻENIA

Bóg nie ukrywa prawdy w zagadkach i rytuałach – objawia ją przez swojego Syna. Strzeż się „światła", które wciąga cię w ciemność.

DZIENNIK REFLEKSJI

- Czy zapisałem się do jakiejś internetowej lub stacjonarnej szkoły obiecującej starożytną mądrość, aktywację lub tajemne moce?
- Czy są jakieś książki, symbole lub rytuały, które kiedyś uważałem za nieszkodliwe, ale teraz mam z ich powodu wyrzuty sumienia?
- Gdzie szukałem bardziej doświadczenia duchowego niż relacji z Bogiem?

Modlitwa o wybawienie

Panie Jezu, Ty jesteś Drogą, Prawdą i Światłem. Żałuję każdej ścieżki, którą wybrałem, a która zignorowała Twoje Słowo. Wyrzekam się wszelkich szkół tajemnych, tajnych zakonów, przysiąg i inicjacji. Zrywam więzy duszy ze wszystkimi przewodnikami, nauczycielami, duchami i systemami zakorzenionymi w starożytnym oszustwie. Rozświetl Swoim światłem każde ukryte miejsce mojego serca i napełnij mnie prawdą Twojego Ducha. W imię Jezusa, kroczę wolny. Amen.

DZIEŃ 31: KABAŁA, ŚWIĘTA GEOMETRIA I OSZUSTWO ELITARNEGO ŚWIATŁA

„*Sam bowiem szatan przybiera postać anioła światłości*" — 2 Koryntian 11:14

„*Rzeczy ukryte należą do Pana, Boga naszego, a rzeczy objawione do nas...*" — Powtórzonego Prawa 29:29

W naszym dążeniu do wiedzy duchowej kryje się niebezpieczeństwo – pokusa „ukrytej mądrości", która obiecuje moc, światło i boskość poza Chrystusem. Od kręgów celebrytów po tajne loże, od sztuki po architekturę, schemat oszustwa przewija się przez cały świat, wciągając poszukiwaczy w ezoteryczną sieć **kabały**, **świętej geometrii** i **nauk tajemnych**.

To nie są niewinne intelektualne eksploracje. To wejścia do duchowych przymierzy z upadłymi aniołami podszywającymi się pod światło.

GLOBALNE MANIFESTACJE

- **Hollywood i przemysł muzyczny** – Wiele gwiazd otwarcie nosi bransoletki kabalistyczne lub tatuuje święte symbole (jak Drzewo Życia), które wywodzą się z okultystycznej mistycyzmu żydowskiego.
- **Moda i architektura** – Wzory masońskie i święte wzory geometryczne (Kwiat Życia, heksagramy, Oko Horusa) są obecne w odzieży, budynkach i sztuce cyfrowej.
- **Bliski Wschód i Europa** – Ośrodki studiów kabały kwitną wśród elit, często łącząc mistycyzm z numerologią, astrologią i inwokacjami anielskimi.

- **Kręgi online i New Age na całym świecie** – YouTube, TikTok i podcasty normalizują „kody świetlne", „portale energetyczne", „wibracje 3–6–9" i nauki „boskiej matrycy" oparte na świętej geometrii i ramach kabalistycznych.

Prawdziwa historia — kiedy światło staje się kłamstwem
Jana, 27-letnia Szwedka, zaczęła zgłębiać kabałę, podążając śladami swojej ulubionej piosenkarki, która przyznała, że to ona przyczyniła się do jej „twórczego przebudzenia". Kupiła czerwoną bransoletkę ze sznurka, zaczęła medytować z geometrycznymi mandalami i studiowała imiona aniołów w starożytnych tekstach hebrajskich.

Wszystko zaczęło się zmieniać. Jej sny stawały się dziwne. Czuła, jak we śnie obok niej szepczą jakieś mądrości – a potem domagają się krwi. Cienie podążały za nią, a ona pragnęła więcej światła.

W końcu natknęła się w internecie na film o uwolnieniu i zdała sobie sprawę, że jej cierpienie nie wynikało z duchowego wzniesienia, lecz z duchowego oszustwa. Po sześciu miesiącach sesji uwalniania, postu i palenia wszystkich kabalistycznych przedmiotów w domu, spokój zaczął powracać. Teraz ostrzega innych na swoim blogu: „Fałszywe światło niemal mnie zniszczyło".

ROZRÓŻNIANIE ŚCIEŻKI

Kabała, choć czasami odziana w szaty religijne, odrzuca Jezusa Chrystusa jako jedyną drogę do Boga. Często wywyższa **„boskie ja"**, promuje **channeling** i **wniebowstąpienie Drzewa Życia** oraz wykorzystuje **matematyczny mistycyzm** do przywoływania mocy. Praktyki te otwierają **duchowe bramy** – nie do nieba, ale dla istot podszywających się pod nosicieli światła.

Wiele doktryn kabalistycznych pokrywa się z:

- Wolnomularstwo
- Różokrzyżowcy
- Gnostycyzm
- Kulty oświecenia lucyferiańskiego

Wspólny mianownik? Dążenie do boskości bez Chrystusa.

Plan działania – ujawnianie i usuwanie fałszywego światła

1. **Porzuć** wszelkie kontakty z kabałą, numerologią, świętą geometrią i naukami „szkół tajemnic".
2. w domu **przedmioty związane z tymi praktykami — mandale, ołtarze, teksty kabały, siatki kryształowe, biżuterię zawierającą święte symbole.**
3. **Wyrzeknij się duchów fałszywego światła** (np. Metatrona, Raziela, Szekiny w mistycznej formie) i rozkaż wszystkim fałszywym aniołom odejść.
4. **Zanurz się** w prostocie i wystarczalności Chrystusa (2 Koryntian 11:3).
5. **Pość i namaść** oczy, czoło, dłonie, wyrzekając się wszelkiej fałszywej mądrości i deklarując swoją wierność wyłącznie Bogu.

Aplikacja grupowa

- Podziel się swoimi doświadczeniami z „naukami światła", numerologią, mediami kabały lub świętymi symbolami.
- Jako grupa wypiszcie zwroty lub wierzenia, które brzmią „duchowo", ale są sprzeczne z Chrystusem (np. „Jestem boski", „wszechświat zapewnia", „świadomość Chrystusa").
- Namaść każdą osobę olejem, wypowiadając słowa z Ewangelii według św. Jana 8:12 — *„Jezus jest światłością świata".*
- Spalić lub wyrzucić wszelkie materiały i przedmioty nawiązujące do świętej geometrii, mistycyzmu lub „boskich kodów".

KLUCZOWE SPOSTRZEŻENIA

Szatan nie pojawia się jako niszczyciel. Często pojawia się jako oświeciciel – oferując tajemną wiedzę i fałszywe światło. Ale to światło prowadzi tylko do jeszcze głębszej ciemności.

Dziennik refleksji

- Czy otworzyłem swego ducha na jakiekolwiek „światło duchowe", które omijało Chrystusa?
- Czy są jakieś symbole, frazy lub obiekty, które uważałem za nieszkodliwe, ale teraz rozpoznaję jako portale?
- Czy stawiam osobistą mądrość ponad prawdę biblijną?

Modlitwa o wybawienie

Ojcze, wyrzekam się wszelkiego fałszywego światła, mistycznych nauk i tajemnej wiedzy, które splątały moją duszę. Wyznaję, że tylko Jezus Chrystus jest prawdziwą Światłością świata. Odrzucam kabałę, świętą geometrię, numerologię i wszelkie doktryny demonów. Niech każdy fałszywy duch zostanie teraz wykorzeniony z mojego życia. Oczyść moje oczy, moje myśli, moją wyobraźnię i mojego ducha. Należę tylko do Ciebie – duch, dusza i ciało. W imię Jezusa. Amen.

DZIEŃ 32: DUCH WĘŻA W CIEBIE — GDY WYZWOLENIE PRZYCHODZI ZA PÓŹNO

„*Oczy mają pełne cudzołóstwa... zwodzą dusze niestałe... poszli drogą Balaama... dla którego zachowana jest na wieki ciemność ciemności*" — 2 Piotra 2:14–17

„*Nie łudźcie się: Bóg nie daje się wyśmiewać. Człowiek żąć będzie to, co sieje*" — Galatów 6:7

Istnieje demoniczna podróbka, która paraduje jako oświecenie. Uzdrawia, energetyzuje, dodaje sił – ale tylko na chwilę. Szepcze boskie tajemnice, otwiera twoje „trzecie oko", uwalnia moc w kręgosłupie – a następnie **zniewala cię w męce**.

To jest **Kundalini**.

Duch **węża**.

Fałszywy „duch święty" Nowej Ery.

Po aktywacji – poprzez jogę, medytację, psychodeliki, traumę lub rytuały okultystyczne – siła ta gromadzi się u podstawy kręgosłupa i unosi się niczym ogień przez czakry. Wielu wierzy, że to duchowe przebudzenie. W rzeczywistości jest to **opętanie demoniczne** podszywające się pod boską energię.

A co się stanie, jeśli problem **nie zniknie**?

Prawdziwa historia – „Nie mogę tego wyłączyć"

Marissa, młoda chrześcijanka z Kanady, zanim oddała swoje życie Chrystusowi, praktykowała „jogę chrześcijańską". Uwielbiała towarzyszące jej uczucia spokoju, wibracje i wizje światła. Jednak po jednej intensywnej sesji, podczas której poczuła „zapłon" kręgosłupa, straciła przytomność – i obudziła się, nie mogąc oddychać. Tej nocy coś zaczęło **dręczyć ją podczas snu**, wykręcając jej ciało, ukazując się w snach jako „Jezus" – ale jednocześnie z niej drwiąc.

otrzymywała **wyzwolenie**. Duchy odchodziły – ale wracały. Jej kręgosłup wciąż wibrował. Jej oczy nieustannie zaglądały do świata duchów. Jej ciało poruszało się mimowolnie. Pomimo zbawienia, teraz kroczyła przez piekło, którego niewielu chrześcijan rozumiało. Jej duch został ocalony – ale jej dusza została **zbezczeszczona, rozdarta i rozbita**.

Następstwa, o których nikt nie mówi

- **Trzecie oko pozostaje otwarte**: ciągłe wizje, halucynacje, duchowy hałas, „anioły" mówiące kłamstwa.
- **Ciało nie przestaje wibrować**: Niekontrolowana energia, ciśnienie w czaszce, kołatanie serca.
- **Nieustanne cierpienie**: Nawet po 10+ sesjach wyzwolenia.
- **Izolacja**: Pastorzy nie rozumieją. Kościoły ignorują problem. Osoba jest określana jako „niestabilna".
- **Strach przed piekłem**: Nie z powodu grzechu, lecz z powodu męki, która nie chce się skończyć.

Czy chrześcijanie mogą dotrzeć do punktu, z którego nie ma powrotu?
Tak – w tym życiu. Możesz być **zbawiony**, ale tak rozbity, że **twoja dusza będzie cierpieć aż do śmierci**.
To nie jest straszenie. To **prorocze ostrzeżenie**.

Globalne przykłady

- **Afryka** – Fałszywi prorocy uwalniają ogień Kundalini podczas nabożeństw – ludzie drgają, pienią się, śmieją się lub ryczą.
- **Azja** – Mistrzowie jogi osiągają stan „siddhi" (opętania przez demona) i nazywają to świadomością Boga.
- **Europa/Ameryka Północna** – ruchy neocharyzmatyczne czerpiące inspirację z „krain chwały", szczekające, śmiejące się, niekontrolowanie upadające – nie pochodzące od Boga.
- **Ameryka Łacińska** – przebudzenia szamańskie z wykorzystaniem ayahuaski (roślinnego środka odurzającego) w celu otwarcia drzwi

duchowych, których nie można zamknąć.

PLAN DZIAŁANIA — JEŚLI posunąłeś się za daleko

1. **Wyznaj dokładny portal**: Kundalini joga, medytacje trzeciego oka, kościoły New Age, psychodeliki, itd.
2. **Zaprzestań wszelkich prób wybawienia**: Niektóre duchy dręczą cię dłużej, gdy stale wzmacniasz je strachem.
3. **Czytaj Pismo Święte** CODZIENNIE — szczególnie Psalm 119, Księgę Izajasza 61 i Ewangelię Jana 1. Odnawiają one duszę.
4. **Poddaj się społeczności**: Znajdź przynajmniej jednego wierzącego napełnionego Duchem Świętym, z którym będziesz mógł podążać. Izolacja wzmacnia demony.
5. **Wyrzeknij się wszelkiego duchowego „widzenia", ognia, wiedzy, energii** – nawet jeśli wydaje ci się, że są święte.
6. **Proś Boga o miłosierdzie** – Nie raz. Codziennie. Co godzinę. Wytrwaj. Bóg może nie odbierze ci go natychmiast, ale cię uniesie.

APLIKACJA GRUPOWA

- Poświęć chwilę na cichą refleksję. Zapytaj: Czy przedkładam duchową moc nad duchową czystość?
- Módlcie się za tych, którzy cierpią nieustanne męki. NIE obiecujcie natychmiastowej wolności – obiecajcie **naśladowanie**.
- Nauczaj o różnicy między **owocami Ducha** (Galacjan 5:22–23) a **objawami duszewnymi** (drżenie, gorąco, wizje).
- Spal lub zniszcz wszystkie przedmioty związane z New Age: symbole czakr, kryształy, maty do jogi, książki, olejki i „karty z Jezusem".

Kluczowe spostrzeżenia

Istnieje **granica**, którą można przekroczyć – kiedy dusza staje się otwartą bramą i nie chce się zamknąć. Twój duch może być zbawiony... ale twoja dusza i ciało mogą nadal cierpieć męki, jeśli zostałeś zbezczeszczony przez okultystyczne światło.

Dziennik refleksji

- Czy kiedykolwiek bardziej zabiegałem o władzę, ogień i prorocze widzenie niż o świętość i prawdę?
- Czy otworzyłem drzwi poprzez „schrystianizowane" praktyki New Age?
- Czy jestem gotowy **codziennie chodzić** z Bogiem, nawet jeśli pełne wyzwolenie zajmie lata?

Modlitwa o przetrwanie

Ojcze, wołam o litość. Wyrzekam się każdego ducha węża, mocy Kundalini, otwarcia trzeciego oka, fałszywego ognia czy podróbki New Age, których kiedykolwiek dotknąłem. Oddaję Ci moją duszę – jakkolwiek jest złamana – z powrotem. Jezu, wybaw mnie nie tylko od grzechu, ale i od udręki. Zamknij moje bramy. Ulecz mój umysł. Zamknij moje oczy. Zmiażdż węża w moim kręgosłupie. Czekam na Ciebie, nawet w bólu. I nie poddam się. W imię Jezusa. Amen.

DZIEŃ 33: DUCH WĘŻA W CIEBIE — GDY WYZWOLENIE PRZYCHODZI ZA PÓŹNO

„*Oczy mają pełne cudzołóstwa... zwodzą dusze niestałe... poszli drogą Balaama... dla którego zachowana jest na wieki ciemność ciemności*" — 2 Piotra 2:14–17

„*Nie łudźcie się: Bóg nie daje się wyśmiewać. Człowiek żąć będzie to, co sieje*" — Galatów 6:7

Istnieje demoniczna podróbka, która paraduje jako oświecenie. Uzdrawia, energetyzuje, dodaje sił – ale tylko na chwilę. Szepcze boskie tajemnice, otwiera twoje „trzecie oko", uwalnia moc w kręgosłupie – a następnie **zniewala cię w męce**.

To jest **Kundalini**.

Duch **węża**.

Fałszywy „duch święty" Nowej Ery.

Po aktywacji – poprzez jogę, medytację, psychodeliki, traumę lub rytuały okultystyczne – siła ta gromadzi się u podstawy kręgosłupa i unosi się niczym ogień przez czakry. Wielu wierzy, że to duchowe przebudzenie. W rzeczywistości jest to **opętanie demoniczne** podszywające się pod boską energię.

A co się stanie, jeśli problem **nie zniknie**?

Prawdziwa historia – „Nie mogę tego wyłączyć"

Marissa, młoda chrześcijanka z Kanady, zanim oddała swoje życie Chrystusowi, praktykowała „jogę chrześcijańską". Uwielbiała towarzyszące jej uczucia spokoju, wibracje i wizje światła. Jednak po jednej intensywnej sesji, podczas której poczuła „zapłon" kręgosłupa, straciła przytomność – i obudziła się, nie mogąc oddychać. Tej nocy coś zaczęło **dręczyć ją podczas snu**, wykręcając jej ciało, ukazując się w snach jako „Jezus" – ale jednocześnie z niej drwiąc.

otrzymywała **wyzwolenie** . Duchy odchodziły – ale wracały. Jej kręgosłup wciąż wibrował. Jej oczy nieustannie zaglądały do świata duchów. Jej ciało poruszało się mimowolnie. Pomimo zbawienia, teraz kroczyła przez piekło, którego niewielu chrześcijan rozumiało. Jej duch został ocalony – ale jej dusza została **zbezczeszczona, rozdarta i rozbita** .

Następstwa, o których nikt nie mówi

- **Trzecie oko pozostaje otwarte** : ciągłe wizje, halucynacje, duchowy hałas, „anioły" mówiące kłamstwa.
- **Ciało nie przestaje wibrować** : Niekontrolowana energia, ciśnienie w czaszce, kołatanie serca.
- **Nieustanne cierpienie** : Nawet po 10+ sesjach wyzwolenia.
- **Izolacja** : Pastorzy nie rozumieją. Kościoły ignorują problem. Osoba jest określana jako „niestabilna".
- **Strach przed piekłem** : Nie z powodu grzechu, lecz z powodu męki, która nie chce się skończyć.

Czy chrześcijanie mogą dotrzeć do punktu, z którego nie ma powrotu?
Tak – w tym życiu. Możesz być **zbawiony** , ale tak rozbity, że **twoja dusza będzie cierpieć aż do śmierci** .

To nie jest straszenie. To **prorocze ostrzeżenie** .

Globalne przykłady

- **Afryka** – Fałszywi prorocy uwalniają ogień Kundalini podczas nabożeństw – ludzie drgają, pienią się, śmieją się lub ryczą.
- **Azja** – Mistrzowie jogi osiągają stan „siddhi" (opętania przez demona) i nazywają to świadomością Boga .
- **Europa/Ameryka Północna** – ruchy neocharyzmatyczne czerpiące inspirację z „krain chwały", szczekające, śmiejące się, niekontrolowanie upadające – nie pochodzące od Boga.
- **Ameryka Łacińska** – przebudzenia szamańskie z wykorzystaniem ayahuaski (roślinnego środka odurzającego) w celu otwarcia drzwi

duchowych, których nie można zamknąć.

Plan działania — jeśli posunąłeś się za daleko

1. **Wyznaj dokładny portal** : Kundalini joga, medytacje trzeciego oka, kościoły New Age, psychodeliki, itd.
2. **Zaprzestań wszelkich prób wybawienia** : Niektóre duchy dręczą cię dłużej, gdy stale wzmacniasz je strachem.
3. **Czytaj Pismo Święte** CODZIENNIE — szczególnie Psalm 119, Księgę Izajasza 61 i Ewangelię Jana 1. Odnawiają one duszę.
4. **Poddaj się społeczności** : Znajdź przynajmniej jednego wierzącego napełnionego Duchem Świętym, z którym będziesz mógł podążać. Izolacja wzmacnia demony.
5. **Wyrzeknij się wszelkiego duchowego „widzenia", ognia, wiedzy, energii** – nawet jeśli wydaje ci się, że są święte.
6. **Proś Boga o miłosierdzie** – Nie raz. Codziennie. Co godzinę. Wytrwaj. Bóg może nie odbierze ci go natychmiast, ale cię uniesie.

Aplikacja grupowa

- Poświęć chwilę na cichą refleksję. Zapytaj: Czy przedkładam duchową moc nad duchową czystość?
- Módlcie się za tych, którzy cierpią nieustanne męki. NIE obiecujcie natychmiastowej wolności – obiecajcie **naśladowanie** .
- Nauczaj o różnicy między **owocami Ducha** (Galacjan 5:22–23) a **objawami duszewnymi** (drżenie, gorąco, wizje).
- Spal lub zniszcz wszystkie przedmioty związane z New Age: symbole czakr, kryształy, maty do jogi, książki, olejki i „karty z Jezusem".

Kluczowe spostrzeżenia

Istnieje **granica**, którą można przekroczyć – kiedy dusza staje się otwartą bramą i nie chce się zamknąć. Twój duch może być zbawiony... ale twoja dusza i ciało mogą nadal cierpieć męki, jeśli zostałeś zbezczeszczony przez okultystyczne światło.

Dziennik refleksji

- Czy kiedykolwiek bardziej zabiegałem o władzę, ogień i prorocze widzenie niż o świętość i prawdę?
- Czy otworzyłem drzwi poprzez „schrystianizowane" praktyki New Age?
- Czy jestem gotowy **codziennie chodzić** z Bogiem, nawet jeśli pełne wyzwolenie zajmie lata?

Modlitwa o przetrwanie

Ojcze, wołam o litość. Wyrzekam się każdego ducha węża, mocy Kundalini, otwarcia trzeciego oka, fałszywego ognia czy podróbki New Age, których kiedykolwiek dotknąłem. Oddaję Ci moją duszę – jakkolwiek jest złamana – z powrotem. Jezu, wybaw mnie nie tylko od grzechu, ale i od udręki. Zamknij moje bramy. Ulecz mój umysł. Zamknij moje oczy. Zmiażdż węża w moim kręgosłupie. Czekam na Ciebie, nawet w bólu. I nie poddam się. W imię Jezusa. Amen.

DZIEŃ 34: MASONI, KODEKS I KLĄTWY — Kiedy braterstwo staje się niewolą

„*Nie miejcie nic wspólnego z bezowocnymi uczynkami ciemności, ale je raczej piętnujcie*" — Efezjan 5:11

„*Nie zawierajcie przymierza z nimi ani z ich bogami*" — Wyjścia 23:32

Tajne stowarzyszenia obiecują sukces, więzi i starożytną mądrość. Oferują **przysięgi, stopnie naukowe i sekrety** przekazywane „dobrym ludziom". Ale większość nie zdaje sobie sprawy, że te stowarzyszenia to **ołtarze przymierza**, często zbudowane na krwi, oszustwie i demonicznej wierności.

Od masonerii po kabałę, od różokrzyżowców po Skull & Bones – te organizacje to nie tylko kluby. To **duchowe kontrakty**, wykute w ciemności i przypieczętowane rytuałami, które **rzucają klątwę na pokolenia**.

Niektórzy dołączyli dobrowolnie. Inni mieli przodków, którzy to zrobili.

Tak czy inaczej, klątwa pozostaje – dopóki nie zostanie złamana.

Ukryte dziedzictwo — historia Jasona

Jason, odnoszący sukcesy bankier w USA, miał wszystko, czego potrzebował – piękną rodzinę, bogactwo i wpływy. Jednak w nocy budził się, dusząc się, widząc zakapturzone postacie i słysząc w snach zaklęcia. Jego dziadek był masonem 33 stopnia, a Jason nadal nosił pierścień.

Kiedyś żartobliwie wypowiedział śluby masońskie na imprezie klubowej – ale w chwili, gdy to zrobił, **coś w nim wstąpiło**. Jego umysł zaczął się rozpadać. Słyszał głosy. Żona go zostawiła. Próbował ze sobą skończyć.

Podczas rekolekcji ktoś dostrzegł powiązanie z masonerią. Jason płakał, **wyrzekając się wszystkich przysiąg**, łamiąc pierścień i poddając się trzygodzinnemu wyzwoleniu. Tej nocy, po raz pierwszy od lat, zasnął w spokoju.

Jego zeznania?

„Z tajnymi ołtarzami się nie żartuje. One mówią – dopóki ich nie zamkniesz w imię Jezusa".

GLOBALNA SIEĆ BRACTWA

- **Europa** – masoneria głęboko zakorzeniona w biznesie, polityce i wyznaniach kościelnych.
- **Afryka** – Illuminati i tajne zakony oferujące bogactwo w zamian za dusze; kulty na uniwersytetach.
- **Ameryka Łacińska** – infiltracja jezuitów i obrzędy masońskie zmieszane z mistycyzmem katolickim.
- **Azja** – starożytne szkoły tajemnic, kapłaństwo świątynne związane przysięgami pokoleniowymi.
- **Ameryka Północna** – Eastern Star, Scottish Rite, bractwa takie jak Skull & Bones, elity Bohemian Grove.

Te kulty często odwołują się do „Boga", ale nie do **Boga Biblii** – odwołują się do **Wielkiego Architekta**, bezosobowej siły powiązanej ze **światłem Lucyfera**.

Znaki, że jesteś dotknięty

- Przewlekła choroba, której lekarze nie potrafią wyjaśnić.
- Strach przed awansem lub strach przed zerwaniem więzi z systemem rodzinnym.
- Sny o szatach, rytuałach, sekretnych drzwiach, lożach i dziwnych ceremoniach.
- Depresja lub obłęd w linii męskiej.
- Kobiety zmagające się z bezpłodnością, przemocą lub strachem.

Plan działania na rzecz wyzwolenia

1. **Wyrzeknij się wszystkich znanych przysiąg** – zwłaszcza jeśli ty lub twoja rodzina byliście częścią masonerii, różokrzyżowców, Wschodniej Gwiazdy, kabały lub jakiegokolwiek „bractwa".

2. **Podziel się każdym stopniem** – od Czeladnika do 33. stopnia, według nazwy.
3. **Zniszcz wszystkie symbole** – pierścionki, fartuchy, książki, wisiorki, certyfikaty itp.
4. **Zamknijcie bramę** – duchowo i prawnie poprzez modlitwę i deklarację.

Skorzystaj z następujących fragmentów Pisma Świętego:

- Izajasz 28:18 — „Wasze przymierze ze śmiercią zostanie zerwane".
- Galacjan 3:13 — „Chrystus wykupił nas od przekleństwa Prawa".
- Ezechiel 13:20–23 — „Rozerwę wasze zasłony i wyzwolę mój lud".

Aplikacja grupowa

- Zapytaj, czy któryś z członków miał rodziców lub dziadków należących do tajnych stowarzyszeń.
- Przeprowadź **kierowane wyrzeczenie się** wszystkich stopni wolnomularstwa (możesz stworzyć w tym celu wydrukowany scenariusz).
- Zastosuj symboliczne akty — spal stary pierścień lub narysuj krzyż na czole, aby unieważnić „trzecie oko" otwarte podczas rytuałów.
- Módlcie się nad umysłami, szyjami i plecami — są to częste miejsca zniewolenia.

Kluczowe spostrzeżenia
Braterstwo bez krwi Chrystusa to braterstwo niewoli.
Musisz wybrać: przymierze z człowiekiem czy przymierze z Bogiem.
Dziennik refleksji

- Czy ktoś w mojej rodzinie był zaangażowany w masonerię, mistycyzm lub tajne przysięgi?
- Czy nieświadomie recytowałem lub naśladowałem przysięgi, wyznania wiary lub symbole związane z tajnymi stowarzyszeniami?
- Czy jestem gotowy zerwać z rodzinną tradycją, aby w pełni żyć w

przymierzu z Bogiem?

Modlitwa o wyrzeczenie
Ojcze, w imię Jezusa, wyrzekam się wszelkich przymierzy, przysięgi i rytuałów związanych z masonerią, kabałą lub jakimkolwiek tajnym stowarzyszeniem – w moim życiu i w moim rodzie. Łamię każdy stopień, każde kłamstwo, każde demoniczne prawo nadane poprzez ceremonie lub symbole. Oświadczam, że Jezus Chrystus jest moim jedynym Światłem, moim jedynym Architektem i moim jedynym Panem. Otrzymuję teraz wolność, w imię Jezusa. Amen.

DZIEŃ 35: CZAROWNICE W ŁAWKACH — GDY ZŁO WCHODZI PRZEZ DRZWI KOŚCIOŁA

„**B**o tacy ludzie to fałszywi apostołowie, podstępni robotnicy, podszywający się pod apostołów Chrystusa. I nic dziwnego, bo i szatan podszywa się pod anioła światłości". — 2 Koryntian 11:13–14

„Znam twoje uczynki, twoją miłość i wiarę... Lecz mam ci za złe, że tolerujesz tę kobietę Jezabel, która nazywa siebie prorokinią..." — Objawienie 2:19–20

Najniebezpieczniejsza czarownica to nie ta, która lata nocą.

To ta, która **siedzi obok ciebie w kościele**.

Nie noszą czarnych szat ani nie latają na miotłach.

Prowadzą spotkania modlitewne. Śpiewają w zespołach uwielbienia. Prorokują językami. Pastorują w kościołach. A jednak... są **nosicielami ciemności**.

Niektórzy wiedzą dokładnie, co robią – są wysyłani jako duchowi zabójcy. Inni padają ofiarą czarów lub buntu przodków, posługując się **nieczystymi** darami.

Kościół jako okładka — historia „Miriam"

Miriam była popularną duchowną, która głosiła ewangelię uwolnienia w dużym kościele w Afryce Zachodniej. Jej głos nakazywał demonom ucieczkę. Ludzie podróżowali przez narody, aby otrzymać od niej namaszczenie.

Ale Miriam miała sekret: nocą wychodziła z ciała. Widziała domy członków Kościoła, ich słabości i ich rodowody. Uważała, że to „proroctwo".

Jej moc rosła. Ale i cierpienie.

Zaczęła słyszeć głosy. Nie mogła spać. Jej dzieci zostały zaatakowane. Mąż ją zostawił.

W końcu wyznała: została „aktywowana" w dzieciństwie przez swoją babcię, potężną czarownicę, która kazała jej spać pod zaklętymi kocami.

„Myślałem, że jestem napełniony Duchem Świętym. To był duch... ale nie Święty".

Dostąpiła wyzwolenia. Ale walka nigdy się nie skończyła. Mówi: *„Gdybym się nie wyspowiadał, zginąłbym na ołtarzu w ogniu... w kościele."*

Globalne sytuacje ukrytego czarnoksięstwa w Kościele

- **Afryka** – Zazdrość duchowa. Prorocy posługujący się wróżbami, rytuałami, duchami wodnymi. Wiele ołtarzy to w rzeczywistości portale.
- **Europa** – Medium podszywające się pod „trenerów duchowych". Czarostwo w otoczce nowego chrześcijaństwa.
- **Azja** – Kapłanki świątynne wchodzą do kościołów, aby rzucać klątwy i monitorować nawróconych.
- **Ameryka Łacińska** – praktykujący Santerię „pastorzy", którzy głoszą wyzwolenie, ale nocą składają w ofierze kurczaki.
- **Ameryka Północna** – chrześcijańskie czarownice twierdzące, że mają „Jezusa i tarota", uzdrowiciele energetyczni na scenach kościelnych oraz pastorzy zaangażowani w obrzędy wolnomularskie.

Oznaki działania czarów w kościele

- Ciężka atmosfera i zamieszanie podczas nabożeństwa.
- Sny o wężach, seksie lub zwierzętach po nabożeństwach.
- Przywództwo nagle popada w grzech lub skandal.
- „Proroctwa", które manipulują, uwodzą lub zawstydzają.
- Każdy, kto mówi: „Bóg powiedział mi, że jesteś moim mężem/żoną".
- Dziwne przedmioty znalezione w pobliżu ambony lub ołtarzy.

PLAN DZIAŁANIA NA RZECZ wyzwolenia

1. **Módl się o rozeznanie** — proś Ducha Świętego, aby objawił ci, czy w twojej wspólnocie są ukryte czarownice.
2. **Badajcie każdego ducha** — nawet jeśli wydaje się, że jest duchowy (1

Jana 4:1).
3. **Zerwij więzy duszy** — Jeśli ktoś nieczysty modlił się nad tobą, przepowiedział ci proroctwo lub cię dotknął, **wyzbądź się tego**.
4. **Módlcie się nad waszym kościołem** — ogłaszajcie ogień Boży, aby obnażyć każdy ukryty ołtarz, każdy tajemny grzech i duchową pijawkę.
5. **Jeśli jesteś ofiarą** — poszukaj pomocy. Nie bądź milczący ani samotny.

Aplikacja grupowa

- Zapytaj członków grupy: Czy kiedykolwiek czułeś się niekomfortowo lub duchowo zgwałcony podczas nabożeństwa kościelnego?
- Poprowadź **modlitwę oczyszczającą** dla wspólnoty.
- Namaść każdą osobę i ustanowij **duchową zaporę** wokół umysłów, ołtarzy i darów.
- Naucz liderów, jak **oceniać predyspozycje** i **testować nastawienie** ludzi, zanim pozwolą im pełnić widoczne role.

Kluczowe spostrzeżenia
Nie wszyscy, którzy mówią „Panie, Panie", pochodzą od Pana.
Kościół jest **głównym polem bitwy** duchowego skażenia – ale także miejscem uzdrowienia, gdy prawda jest w mocy.
Dziennik refleksji

- Czy otrzymałem modlitwy, wskazówki lub wsparcie od kogoś, czyje życie wydało nieświęte owoce?
- Czy zdarzały się chwile, kiedy po kościele czułam się „dziwnie", ale to ignorowałam?
- Czy jestem gotowy stawić czoła czarom, nawet jeśli noszą garnitur i śpiewają na scenie?

Modlitwa o ujawnienie i wolność
Panie Jezu, dziękuję Ci za to, że jesteś prawdziwym Światłem. Proszę Cię teraz, abyś obnażył każdego ukrytego sprawcę ciemności działającego

w moim życiu i wspólnocie. Wyrzekam się każdego nieczystego daru, fałszywego proroctwa i więzów duszy, które otrzymałem od duchowych oszustów. Oczyść mnie swoją krwią. Oczyść moje dary. Strzeż moich bram. Spal każdego fałszywego ducha swoim świętym ogniem. W imię Jezusa. Amen.

DZIEŃ 36: ZAKODOWANE ZAKLĘCIA – GDY PIOSENKI, MODA I FILMY STAJĄ SIĘ PORTALAMI

„*Nie bierzcie udziału w bezowocnych uczynkach ciemności, ale raczej je piętnujcie*" — Efezjan 5:11

„*Nie miejcie nic wspólnego z bezbożnymi baśniami i starymi baśniami, ale ćwiczcie się w pobożności*" — 1 Tymoteusza 4:7

Nie każda bitwa zaczyna się od krwawej ofiary.

Niektóre zaczynają się od **rytmu**.

Melodii. Chwytliwego tekstu, który zapada w pamięć. Albo **symbolu** na ubraniu, który uważałeś za „fajny".

Albo „niegroźnego" serialu, który oglądasz bez przerwy, podczas gdy demony śmieją się w cieniu.

We współczesnym, hiperpołączonym świecie, czary są **zakodowane** – ukryte **w** mediach, muzyce, filmach i modzie.

Ciemniejszy dźwięk — prawdziwa historia: „Słuchawki"

Elijah, 17-latek z USA, zaczął miewać ataki paniki, bezsenne noce i demoniczne sny. Jego chrześcijańscy rodzice uznali to za wynik stresu.

Jednak podczas sesji wyzwolenia Duch Święty polecił zespołowi zapytać o jego **muzykę**.

Wyznał: „Słucham trap metalu. Wiem, że jest mroczny... ale pomaga mi poczuć się silnym".

Kiedy zespół zagrał jedną z jego ulubionych piosenek podczas modlitwy, nastąpiła **manifestacja**.

Bity zostały zakodowane **ścieżkami pieśni** z rytuałów okultystycznych. Odwrócona maska ujawniła frazy takie jak „poddaj duszę" i „Lucyfer mówi".

Gdy Eliasz usunął muzykę, pokutował i zerwał kontakt, powrócił spokój.

Wojna wdarła się przez jego **uszy**.

Globalne wzorce programowania

- **Afryka** – piosenki afrobeatowe nawiązujące do rytuałów związanych z pieniędzmi; w tekstach ukryte odniesienia do „juju"; marki modowe posługujące się symbolami królestwa morskiego.
- **Azja** – K-pop z podprogowymi przesłaniami seksualnymi i duchowymi; postacie z anime przesiąknięte shintoistyczną wiedzą o demonach.
- **Ameryka Łacińska** – reggaeton, w którym królują przyśpiewki Santería i zaklęcia zakodowane wstecz.
- **Europa** – Domy mody (Gucci, Balenciaga) włączają satanistyczne obrazy i rytuały do kultury wybiegów.
- **Ameryka Północna** – filmy hollywoodzkie, w których pojawiają się wątki o czarach (Marvel, horrory, filmy „światło kontra mrok"); kreskówki przedstawiające rzucanie czarów jako zabawę.

Common Entry Portals (and Their Spirit Assignments)

Media Type	Portal	Demonic Assignment
Music	Beats/samples from rituals	Torment, violence, rebellion
TV Series	Magic, lust, murder glorification	Desensitization, soul dulling
Fashion	Symbols (serpent, eye, goat, triangles)	Identity confusion, spiritual binding
Video Games	Sorcery, blood rites, avatars	Astral transfer, addiction, occult alignment
Social Media	Trends on "manifestation," crystals, spells	Sorcery normalization

PLAN DZIAŁANIA – ROZRÓŻNIJ, Detoks, Broń

1. **Przejrzyj swoją playlistę, garderobę i historię oglądania**. Szukaj treści okultystycznych, lubieżnych, buntowniczych lub brutalnych.
2. **Proś Ducha Świętego, aby ujawnił** każdy nieczysty wpływ.
3. **Usuń i zniszcz**. Nie sprzedawaj ani nie oddawaj. Spal lub wyrzuć wszystko, co demoniczne — fizyczne lub cyfrowe.
4. **Namaść swoje urządzenia**, pokój i uszy. Ogłoś je uświęconymi dla chwały Bożej.
5. **Zastąp prawdą**: Muzykę uwielbieniową, filmy o tematyce religijnej, książki i czytania z Pisma Świętego, które odnawiają twój umysł.

Aplikacja grupowa

- Poprowadź członków w „Inwentarzu Mediów". Niech każda osoba zapisze programy, piosenki lub przedmioty, które podejrzewa, że mogą być portalami.
- Módlcie się przez telefon i słuchawki. Namaśćcie ich.
- Przeprowadź grupowy „detoks" – od 3 do 7 dni bez świeckich mediów. Karm się tylko Słowem Bożym, uwielbieniem i wspólnotą.
- Złóż zeznania na następnym spotkaniu.

Kluczowe spostrzeżenia

Demony nie potrzebują już kapliczki, żeby wejść do twojego domu. Wystarczy, że wyrazisz na to zgodę i naciśniesz przycisk „play".

Dziennik refleksji

- Co zobaczyłem, usłyszałem lub miałem na sobie, co mogłoby być otwartą furtką do ucisku?
- Czy jestem gotów zrezygnować z tego, co mnie bawi, jeśli jednocześnie mnie zniewala?
- Czy w imię „sztuki" uczyniłem bunt, pożądanie, przemoc lub kpinę czymś normalnym?

MODLITWA OCZYSZCZENIA

Panie Jezu, przychodzę do Ciebie z prośbą o pełny duchowy detoks. Ujawniam każdy zakodowany czar, który wpuściłem do swojego życia poprzez muzykę, modę, gry czy media. Żałuję, że oglądałem, nosiłem i słuchałem tego, co Cię znieważa. Dziś zrywam więzy duszy. Wypędzam każdego ducha buntu, czarów, pożądania, zamętu i udręki. Oczyść moje oczy, uszy i serce. Teraz poświęcam moje ciało, media i wybory tylko Tobie. W imię Jezusa. Amen.

DZIEŃ 37: NIEWIDZIALNE OŁTARZE MOCY — MASONI, KABAŁA I ELITY OKULTYSTYCZNE

„*Potem wziął Go diabeł na bardzo wysoką górę i pokazał Mu wszystkie królestwa świata oraz ich wspaniałość. I rzekł: «Dam Ci to wszystko, jeśli upadniesz i oddasz mi pokłon»*" — Ewangelia Mateusza 4:8–9

„*Nie możecie pić z kielicha Pańskiego i z kielicha demonów; nie możecie być uczestnikami stołu Pańskiego i stołu demonów*" — 1 List do Koryntian 10:21

Ołtarze ukryte są nie w jaskiniach, lecz w salach konferencyjnych.

Duchy nie tylko w dżunglach, ale także w budynkach rządowych, wieżowcach finansowych, bibliotekach Ivy League i sanktuariach przebranych za „kościoły".

Witamy w królestwie **elitarnego okultyzmu** :

masonów, różokrzyżowców , kabalistów , zakonów jezuickich, Gwiazd Wschodu i ukrytego kapłaństwa lucyferiańskiego, którzy **ukrywają swoje oddanie Szatanowi pod płaszczykiem rytuałów, tajemnic i symboli** . Ich bogami są rozum, moc i starożytna wiedza – ale ich **dusze oddane są ciemności** .

Ukryty na widoku

- **Masoneria** przedstawia się jako bractwo budowniczych, jednak jej wyższe stopnie przywołują demoniczne istoty, składają przysięgę śmierci i wychwalają Lucyfera jako „nosiciela światła".
- **Kabała** obiecuje mistyczny dostęp do Boga — ale subtelnie zastępuje Jahwe mapami energii kosmicznej i numerologią.
- **Mistycyzm jezuicki** , w swoich zniekształconych formach, często łączy symbolikę katolicką z manipulacją duchową i kontrolą systemów światowych.

- **Hollywood, moda, finanse i polityka** — wszystkie te sfery niosą ze sobą zakodowane przesłania, symbole i **publiczne rytuały, które w rzeczywistości są formą oddawania czci Lucyferowi**.

Nie musisz być celebrytą, żeby cię to dotknęło. Te systemy **zanieczyszczają narody** poprzez:

- Programowanie mediów
- Systemy edukacyjne
- Kompromis religijny
- Zależność finansowa
- Rytuały przebrane za „inicjacje", „przyrzeczenia" lub „umowy markowe"

Prawdziwa historia – „Loża zrujnowała mój rodowód"

Solomon (imię zmienione), odnoszący sukcesy potentat biznesowy z Wielkiej Brytanii, wstąpił do loży masońskiej, aby nawiązać kontakty. Szybko awansował, zdobywając bogactwo i prestiż. Zaczął jednak miewać przerażające koszmary – zamaskowani mężczyźni wzywali go, składali przysięgi krwi, goniły go mroczne zwierzęta. Jego córka zaczęła się okaleczać, twierdząc, że zmusiła ją do tego „obecność".

Pewnej nocy zobaczył w swoim pokoju mężczyznę – pół człowieka, pół szakala – który powiedział mu: *„Należysz do mnie. Cena została zapłacona".* Zwrócił się do duszpasterstwa wyzwoleńczego. Minęło **siedem miesięcy wyrzeczeń, postów, rytuałów wymiotowania i wymiany wszystkich okultystycznych więzów** – zanim nastał pokój.

Później odkrył: **Jego dziadek był masonem 33 stopnia. Kontynuował tę tradycję nieświadomie.**

Globalny zasięg

- **Afryka** – tajne stowarzyszenia wśród władców plemiennych, sędziów, pastorów – składające przysięgę wierności krwawym przysięgom w zamian za władzę.
- **Europa** – Rycerze Maltańscy, loże Illuminati i elitarne uniwersytety ezoteryczne.

- **Ameryka Północna** – fundamenty masońskie w oparciu o większość dokumentów założycielskich, struktur dworskich, a nawet kościołów.
- **Azja** – ukryte kulty smoka, zakony przodków i grupy polityczne wywodzące się z hybryd buddyzmu i szamanizmu.
- **Ameryka Łacińska** – kulty synkretyczne łączące świętych katolickich z duchami lucyferiańskimi, takimi jak Santa Muerte czy Baphomet.

Plan działania — ucieczka z ołtarzy elit

1. **Wyrzeknij się** jakiegokolwiek zaangażowania w masonerię, Gwiazdę Wschodu, przysięgi jezuickie, księgi gnostyckie lub systemy mistyczne — nawet „akademickich" studiów nad nimi.
2. **Zniszcz** insygnia, pierścienie, broszki, książki, fartuchy, zdjęcia i symbole.
3. **Łam przekleństwa słowne** – zwłaszcza przysięgi śmierci i ślubowania inicjacyjne. Skorzystaj z Księgi Izajasza 28:18 („Twoje przymierze ze śmiercią zostanie zerwane...").
4. **Pość przez 3 dni**, czytając Ezechiela 8, Izajasza 47 i Objawienie 17.
5. **Odnów ołtarz**: Poświęć się na nowo wyłącznie ołtarzowi Chrystusa (Rz 12,1–2). Komunia. Adoracja. Namaszczenie.

Nie możesz być jednocześnie na dworze niebios i na dworze Lucyfera. Wybierz swój ołtarz.

Aplikacja grupowa

- Zidentyfikuj popularne organizacje elitarne w swoim regionie i módl się bezpośrednio przeciwko ich duchowemu wpływowi.
- Zorganizuj sesję, podczas której członkowie będą mogli w tajemnicy wyznać, czy ich rodziny były zaangażowane w działalność masonerii lub podobnych sekt.
- Przynieś olej i komunię — poprowadź masowe wyrzeczenie się przysiąg, rytuałów i pieczęci składanych w tajemnicy.
- Przełam dumę — przypomnij grupie: **Żaden dostęp nie jest wart twojej duszy.**

Kluczowe spostrzeżenia
Tajne stowarzyszenia obiecują światło. Ale tylko Jezus jest Światłością Świata. Każdy inny ołtarz żąda krwi — ale nie może zbawić.

Dziennik refleksji

- Czy ktoś z mojego rodu był zaangażowany w tajne stowarzyszenia lub „zakony"?
- Czy czytałem lub posiadałem książki okultystyczne podszywające się pod teksty akademickie?
- Jakie symbole (pentagramy, wszystkowidzące oczy, słońca, węże, piramidy) są ukryte w moich ubraniach, dziełach sztuki lub biżuterii?

Modlitwa o wyrzeczenie
Ojcze, wyrzekam się każdego tajnego stowarzyszenia, loży, przysięgi, rytuału lub ołtarza, które nie zostały założone na Jezusie Chrystusie. Łamię przymierza moich ojców, mojego rodu i własnych ust. Odrzucam masonerię, kabałę, mistycyzm i każdy ukryty pakt zawarty dla władzy. Niszczę każdy symbol, każdą pieczęć i każde kłamstwo, które obiecywało światło, a sprowadzało niewolę. Jezu, ponownie intronizuję Cię jako mojego jedynego Mistrza. Rozświetl swoje światło w każdym tajemnym miejscu. W Twoim imieniu kroczę wolny. Amen.

DZIEŃ 38: PRZYMIERZE MACICY I KRÓLESTWA WODY – GDY PRZEZNACZENIE ZOSTAJE ZANIECZYSZCZONE PRZED NARODZENIEM

„*Niegodziwcy odłączyli się od łona matki, błądzą zaraz po urodzeniu, kłamią*" — Psalm 58:3

„*Zanim ukształtowałem cię w łonie matki, znałem cię, zanim się urodziłeś, poświęciłem cię...*" — Jeremiasz 1:5

A co, jeśli bitwy, które toczysz, nie zaczynają się od twoich wyborów, ale od twojej koncepcji?

A co, gdyby Twoje imię zostało wypowiedziane w ciemnych miejscach, gdy będziesz jeszcze w łonie matki?

Co by było, gdyby **twoja tożsamość została wymieniona**, twoje **przeznaczenie sprzedane**, a twoja **dusza naznaczona** — zanim wziąłeś pierwszy oddech?

Taka jest rzeczywistość **podwodnej inicjacji**, **przymierzy z duchami morskimi** i **okultystycznych roszczeń do łona**, które **łączą pokolenia**, szczególnie w regionach, w których panują głębokie rytuały przodków i wybrzeża.

Królestwo Wody — Tron Szatana poniżej

W sferze niewidzialnej Szatan rządzi **nie tylko powietrzem**. Rządzi również **światem morskim** – rozległą, demoniczną siecią duchów, ołtarzy i rytuałów pod oceanami, rzekami i jeziorami.

Duchy morskie (często nazywane *Mami Wata*, *Królową Wybrzeża*, *duchami żon/mężów* itp.) odpowiadają za:

- Przedwczesna śmierć

- Niepłodność i poronienia
- Niewola seksualna i sny
- Męka psychiczna
- Dolegliwości u noworodków
- Wzory wzrostu i upadku biznesu

Ale w jaki sposób te duchy uzyskują **status prawny** ?
W łonie matki.
Niewidzialne inicjacje przed narodzinami

- **Poświęcenie przodków** – dziecko „obiecane" bóstwu, jeśli urodzi się zdrowe.
- **Kapłanki okultystyczne** dotykające macicy w czasie ciąży.
- **Nazwy przymierza** nadawane przez rodzinę — nieświadomie czczące królowe morskie lub duchy.
- **Rytuały narodzin** wykonywane z użyciem wody rzecznej, amuletów lub ziół z sanktuariów.
- **Pogrzeb pępowiny** z zaklęciami.
- **Ciąża w środowiskach okultystycznych** (np. loże masońskie, ośrodki New Age, kulty poligamiczne).

Niektóre dzieci rodzą się już zniewolone. Dlatego krzyczą przeraźliwie przy narodzinach – ich dusza wyczuwa ciemność.
Prawdziwa historia – „Moje dziecko należało do rzeki"
Jessica z Sierra Leone starała się o dziecko od 5 lat. W końcu zaszła w ciążę po tym, jak „prorok" dał jej mydło do kąpieli i olejek do nacierania macicy. Dziecko urodziło się silne – ale w wieku 3 miesięcy zaczęło płakać bez przerwy, zawsze w nocy. Nienawidziło wody, krzyczało podczas kąpieli i trzęsło się niekontrolowanie, gdy zbliżano się do rzeki.

Pewnego dnia jej syn dostał konwulsji i zmarł na 4 minuty. Ożył – i **zaczął mówić pełnymi słowami w wieku 9 miesięcy** : „Nie należę do tego miejsca. Należę do Królowej".

Przerażona Jessica szukała ratunku. Dziecko zostało uwolnione dopiero po 14 dniach postu i modlitw o wyrzeczenie – jej mąż musiał zniszczyć bożka rodzinnego ukrytego w swojej wiosce, zanim męka ustała.

Dzieci nie rodzą się puste. Rodzą się do bitew, które musimy stoczyć w ich imieniu.

GLOBALNE PARALLELS

- **Afryka** – ołtarze rzeczne, poświęcenie Mami Wata , rytuały związane z łożyskiem.
- **Azja** – Duchy wody przywoływane podczas buddyjskich i animistycznych narodzin.
- **Europa** – druidzkie przymierza położnych, rodowe rytuały wodne , poświęcenia masońskie.
- **Ameryka Łacińska** – nadawanie imion Santeria, duchy rzek (np. Oshun), narodziny według horoskopów.
- **Ameryka Północna** – rytuały porodowe New Age, hipnoporody z udziałem przewodników duchowych, „ceremonie błogosławieństwa" przeprowadzane przez medium.

Oznaki niewoli inicjowanej przez macicę

- Powtarzające się wzorce poronień w różnych pokoleniach
- Lęki nocne u niemowląt i dzieci
- Niewyjaśniona niepłodność pomimo zgody lekarza
- Ciągłe sny o wodzie (oceany, powodzie, pływanie, syreny)
- Irracjonalny strach przed wodą lub utonięciem
- Poczucie „zastrzeżenia" – jakby coś obserwowało cię od urodzenia

---

Plan działania — zerwij przymierze łona

1. **Poproś Ducha Świętego** , aby objawił ci, czy ty (lub twoje dziecko) zostałeś/aś zainicjowany/a poprzez rytuały łonowe.
2. **Wypowiedz** wszelkie przymierza zawarte w czasie ciąży — świadomie lub nieświadomie.
3. **Módl się nad historią swoich narodzin** — nawet jeśli twoja matka

nie jest dostępna, mów jako prawny duchowy strażnik twojego życia.
4. **Pość z Izajaszem 49 i Psalmem 139**, aby odzyskać swój boski plan.
5. **W ciąży**: Namaszczaj swój brzuch i mów codziennie nad swoim nienarodzonym dzieckiem:

„Jesteś oddzielony dla Pana. Żaden duch wody, krwi ani ciemności nie będzie tobą władał. Należysz do Jezusa Chrystusa – ciałem, duszą i duchem".

Aplikacja grupowa

- Poproś uczestników, aby zapisali wszystko, co wiedzą o historii swojego porodu — w tym rytuały, położne i wydarzenia związane z nadawaniem imion.
- Zachęcaj rodziców, aby na nowo poświęcili swoje dzieci w „Nabożeństwie Skupionym na Chrystusie i Przymierzu".
- Prowadź modlitwy łamiące przymierze wodne, korzystając z fragmentów z Księgi *Izajasza 28:18*, *Listu do Kolosan 2:14* i *Objawienia 12:11*.

Kluczowe spostrzeżenia
Łono jest bramą – a to, co przez nią przechodzi, często wchodzi z duchowym bagażem. Ale żaden ołtarz łona nie jest większy niż Krzyż.

Dziennik refleksji

- Czy w moim poczęciu lub narodzinach brały udział jakieś przedmioty, oleje, amulety lub imiona?
- Czy doświadczam ataków duchowych, które zaczęły się w dzieciństwie?
- Czy nieświadomie przekazałem swoim dzieciom przymierza morskie?

Modlitwa o uwolnienie
Ojcze Niebieski, znałeś mnie, zanim zostałem ukształtowany. Dziś łamię każde ukryte przymierze, rytuał wodny i demoniczne poświęcenie, dokonane w chwili moich narodzin lub przed nimi. Odrzucam wszelkie roszczenia do duchów morskich, duchów wróżbitów czy ołtarzy łona

generacyjnego. Niech krew Jezusa zmieni historię moich narodzin i historię moich dzieci. Narodziłem się z Ducha – nie z ołtarzy wodnych. W imię Jezusa. Amen.

DZIEŃ 39: CHRZEST W WODZIE W NIEWOLĘ — JAK NIEMOWLĘTA, INICJAŁY I NIEWIDZIANE PRZYMIERZA OTWIERAJĄ DRZWI

„*Przelali niewinną krew, krew swoich synów i córek, które złożyli w ofierze bożkom Kanaanu, a ziemia została zbezczeszczona ich krwią.*" — Psalm 106:38

„*Czy można odebrać łup wojownikom albo wyrwać jeńców z rąk dzikich?" Lecz tak mówi Pan: „Tak, jeńcy zostaną odebrani wojownikom, a łupy zostaną wyrwane z rąk dzikich...*" — Izajasz 49:24–25

Wiele przeznaczeń nie tylko **pokrzyżowało plany w dorosłym życiu**, ale zostało też **przez kogoś porwanych już we wczesnym dzieciństwie**.

Ta pozornie niewinna ceremonia nadania imienia...

Ta przypadkowa kąpiel w wodzie rzeki, „aby pobłogosławić dziecko"...

Moneta w dłoni... Nacięcie pod językiem... Olej od „duchowej babci"... Nawet inicjały nadane przy narodzinach...

Wszystkie mogą wydawać się kulturowe. Tradycyjne. Nieszkodliwe.

Jednak królestwo ciemności **kryje się w tradycji** i wiele dzieci zostało **potajemnie wtajemniczonych,** zanim jeszcze zdążyły powiedzieć „Jezus".

Prawdziwa historia – „Nazwa rzeki nadała mi imię"

Na Haiti chłopiec o imieniu Malick dorastał z dziwnym lękiem przed rzekami i burzami. Jako niemowlę, babcia zabrała go nad strumień, aby „przedstawić się duchom" i zapewnić mu ochronę. Zaczął słyszeć głosy w wieku 7 lat. W wieku 10 lat miał nocne wizyty. W wieku 14 lat próbował popełnić samobójstwo, czując stale czyjąś „obecność" u boku.

Na spotkaniu uwolnienia demony pojawiły się gwałtownie, krzycząc: „Weszliśmy do rzeki! Wezwano nas po imieniu!". Jego imię, „ Malick ", było częścią duchowej tradycji nadawania imion, mającej na celu „uczczenie królowej rzeki". Dopóki nie został przemianowany w Chrystusie, męka trwała. Teraz posługuje w uwalnianiu młodzieży uwikłanej w tradycję poświęcenia przodków.

Jak to się dzieje — ukryte pułapki

1. **Inicjały jako przymierza**
   Niektóre inicjały, zwłaszcza te związane z imionami przodków, bogami rodzinnymi lub bóstwami wody (np. „MM" = Mami/Marine; „OL" = linia Oya/Orisha), pełnią funkcję podpisów demonicznych.
2. **Kąpiele niemowląt w rzekach/strumieniach.**
   Wykonywane „w celu ochrony" lub „oczyszczenia", często są **chrztami w duchy morskie** .
3. **Tajne ceremonie nadawania imion,**
   podczas których przed ołtarzem lub kapliczką szepcze się lub wypowiada inne imię (inne niż publiczne).
4. **Rytuały związane ze znamionami**
   Olejki, popiół lub krew nakładane na czoło lub kończyny dziecka w celu „oznaczenia" go dla duchów.
5. **Pochówek pępowiny w wodzie**
   Pępowiny zapuszczano do rzek, strumieni lub zakopywano, odprawiając wodne zaklęcia — przywiązując dziecko do ołtarzy wodnych.

Jeśli twoi rodzice nie zobowiązali cię do poświęcenia się Chrystusowi, istnieje duże prawdopodobieństwo, że ktoś inny uznał cię za swojego następcę.

Globalne praktyki okultystycznego łączenia macicy

- **Afryka** – nadawanie dzieciom imion bóstw rzecznych, zakopywanie pępowiny w pobliżu ołtarzy morskich.
- **Karaiby/Ameryka Łacińska** – rytuały chrztu w stylu Santeria, poświęcenia w stylu Joruba z użyciem ziół i przedmiotów związanych z rzeką.
- **Azja** – hinduskie rytuały związane z wodą Gangesu, astrologicznie

obliczone imiona związane z duchami żywiołów.
- **Europa** – druidzkie i ezoteryczne tradycje nadawania imion przywołujące strażników lasu/wody.
- **Ameryka Północna** – rdzenne rytuały poświęceń, współczesne błogosławieństwa dzieci wicca, nowoczesne ceremonie nadawania imion, w których wzywa się „starożytnych przewodników".

Skąd mam wiedzieć?

- Niewyjaśnione cierpienia z wczesnego dzieciństwa, choroby lub „wyimaginowani przyjaciele"
- Marzenia o rzekach, syrenach, byciu ściganym przez wodę
- Awersja do kościołów, ale fascynacja rzeczami mistycznymi
- Głębokie poczucie „bycia śledzonym" lub obserwowanym od urodzenia
- Odkrycie drugiego imienia lub nieznanej ceremonii związanej z Twoim dzieciństwem

Plan działania – Odkupienie dzieciństwa

1. **Zapytaj Ducha Świętego** : Co się stało, kiedy się urodziłem? Jakie duchowe ręce mnie dotknęły?
2. **Wyrzeknij się wszystkich ukrytych poświęceń**, nawet jeśli uczyniłeś je w nieświadomości: „Odrzucam każde przymierze zawarte w moim imieniu, które nie zostało zawarte z Panem Jezusem Chrystusem".
3. **Zerwij więzi z nazwiskami przodków, inicjałami i pamiątkami**.
4. Aby wyrazić swoją tożsamość w Chrystusie, **odwołaj się do fragmentu z Izajasza 49:24–26, Listu do Kolosan 2:14 i 2 Listu do Koryntian 5:17.**
5. Jeśli zajdzie taka potrzeba, **zorganizuj ceremonię ponownego poświęcenia** — ponownie oddaj siebie (lub swoje dzieci) Bogu i podaj nowe imiona, jeśli zajdzie taka potrzeba.

APLIKACJA GRUPOWA

- Zachęć uczestników do zbadania historii swoich imion.
- Stwórz przestrzeń do duchowej przemiany, jeśli zajdzie taka potrzeba — pozwól ludziom przyjąć imiona takie jak „Dawid", „Estera" lub tożsamości prowadzone przez ducha.
- Poprowadź grupę w symbolicznym *ponownym chrzcie* poświęcenia — nie przez zanurzenie w wodzie, ale przez namaszczenie i przymierze z Chrystusem oparte na słowie.
- Niech rodzice złamią przymierza zawarte wobec swoich dzieci w modlitwie: „Należysz do Jezusa — żaden duch, rzeka ani powiązanie rodowe nie ma tu żadnej podstawy prawnej".

Kluczowe spostrzeżenia
Twój początek ma znaczenie. Ale nie musi definiować twojego końca. Każde roszczenie do rzeki może zostać złamane przez rzekę krwi Jezusa.

Dziennik refleksji

- Jakie imiona lub inicjały mi nadano i co one oznaczają?
- Czy w chwili moich narodzin miały miejsce jakieś tajemne lub kulturowe rytuały, których powinnam się wyrzec?
- Czy naprawdę poświęciłem swoje życie — swoje ciało, duszę, imię i tożsamość — Panu Jezusowi Chrystusowi?

Modlitwa o odkupienie
Ojcze Boże, przychodzę przed Ciebie w imieniu Jezusa. Wyrzekam się każdego przymierza, poświęcenia i rytuału dokonanego przy moich narodzinach. Odrzucam każde nadanie imienia, inicjację wodną i roszczenia do przodków. Czy to poprzez inicjały, nadanie imienia, czy ukryte ołtarze – anuluję wszelkie demoniczne prawo do mojego życia. Oświadczam teraz, że jestem w pełni Twój. Moje imię jest zapisane w Księdze Życia. Moja przeszłość jest zakryta krwią Jezusa, a moja tożsamość jest zapieczętowana Duchem Świętym. Amen.

DZIEŃ 40: OD DOSTARCZYCIELA DO DOSTARCZYCIELA — TWÓJ BÓL JEST TWOIM WYŚWIĘCENIEM

„*Lecz lud, który zna swego Boga, będzie silny i dokona czynów.*" — Daniela 11:32

„*Wtedy Pan wzbudził sędziów, którzy ich wybawili z ręki tych grabieżców.*" — Sędziów 2:16

Nie zostałeś wyzwolony, by siedzieć cicho w kościele.

Nie zostałeś wyzwolony, by po prostu przetrwać. Zostałeś wyzwolony , **by wybawiać innych** .

Ten sam Jezus, który uzdrowił opętanego w Ewangelii Marka 5, odesłał go z powrotem do Dekapolu, by opowiedział tę historię. Żadnego seminarium. Żadnego święceń. Tylko **płomienne świadectwo** i usta rozpalone ogniem.

Jesteś tym mężczyzną. Tą kobietą. Tą rodziną. Tym narodem.

Ból, który znosiłeś, jest teraz twoją bronią.

Męka, której uniknąłeś, jest twoją trąbą. To, co trzymało cię w ciemności, staje się teraz **sceną twojego panowania.**

Prawdziwa historia – od żony żołnierza piechoty morskiej do służebnicy wyzwolenia

Rebecca, pochodząca z Kamerunu, była byłą żoną ducha morskiego. Przeszła inicjację w wieku 8 lat podczas nadmorskiej ceremonii nadania imienia. W wieku 16 lat uprawiała seks w snach, kontrolowała mężczyzn wzrokiem i doprowadziła do wielu rozwodów za pomocą czarów. Znana była jako „piękna klątwa".

Kiedy zetknęła się z ewangelią na uniwersytecie, jej demony oszalały. Potrzeba było sześciu miesięcy postu, uwolnienia i głębokiego uczniostwa, zanim odzyskała wolność.

Dziś prowadzi konferencje o uwolnieniu dla kobiet w całej Afryce. Tysiące z nich zostało uwolnionych dzięki jej posłuszeństwu.

A co by było, gdyby milczała?

Apostolski wzrost — rodzą się globalni wyzwoliciele

- **W Afryce** byli czarownicy zakładają teraz kościoły.
- **W Azji** byli buddyści głoszą Chrystusa w tajnych domach.
- **W Ameryce Łacińskiej** byli kapłani Santerii niszczą ołtarze.
- **W Europie** byli okultyści prowadzą internetowe studia biblijne.
- **W Ameryce Północnej** osoby, które przeżyły oszustwa New Age, co tydzień prowadzą spotkania na Zoomie poświęcone wyzwoleniu.

Są **nieoczekiwani**, złamani, byli niewolnicy ciemności, teraz maszerujący w świetle — a **ty jesteś jednym z nich**.

Ostateczny plan działania – podejmij wyzwanie

1. **Napisz swoje świadectwo** – nawet jeśli uważasz, że nie jest dramatyczne. Ktoś potrzebuje twojej historii o wolności.
2. **Zacznij od małych rzeczy** — módl się za przyjaciela. Zorganizuj studium Biblii. Podziel się swoim procesem uwolnienia.
3. **Nigdy nie przestawaj się uczyć** — Wysłannicy trwają w Słowie, pozostają skruszeni i czujni.
4. **Chroń swoją rodzinę** — codziennie deklaruj, że ciemność skończy się z tobą i twoimi dziećmi.
5. **Ogłoś duchowe strefy wojny** – w swoim miejscu pracy, w swoim domu, na swojej ulicy. Bądź strażnikiem.

Uruchomienie grupy

Dzisiaj nie jest to tylko uroczystość nadania imienia, ale także **uroczystość przekazania projektu**.

- Namaszczajcie sobie nawzajem głowy olejkiem i mówcie:

„*Zostałeś wyzwolony, aby wybawiać. Powstań, Sędzio Boży*".

- Wypowiedzcie głośno w grupie:

„Nie jesteśmy już ocalałymi. Jesteśmy wojownikami. Niesiemy światło, a ciemność drży".

- Wyznaczaj pary modlitewne lub partnerów odpowiedzialnych za dalszy rozwój, aby zwiększać swoją śmiałość i oddziaływanie.

Kluczowe spostrzeżenia
Największą zemstą na królestwie ciemności nie jest po prostu wolność. To rozmnażanie.

Dziennik ostatecznych refleksji

- Kiedy zdałem sobie sprawę, że przeszedłem z ciemności do światła?
- Kto chce usłyszeć moją historię?
- Od czego mogę zacząć świadomie świecić światłem w tym tygodniu?
- Czy jestem gotowy na drwiny, niezrozumienie i opór — w imię wyzwolenia innych?

Modlitwa o powołanie
Ojcze Boże, dziękuję Ci za 40 dni ognia, wolności i prawdy. Nie uratowałeś mnie tylko po to, by dać mi schronienie – wyzwoliłeś mnie, bym wyzwolił innych. Dziś przyjmuję ten płaszcz. Moje świadectwo jest mieczem. Moje blizny są bronią. Moje modlitwy są młotami. Moje posłuszeństwo jest uwielbieniem. Teraz kroczę w imieniu Jezusa – jako rozpalacz ognia, wybawiciel, niosący światło. Należę do Ciebie. Ciemność nie ma miejsca we mnie ani wokół mnie. Zajmuję swoje miejsce. W imię Jezusa. Amen.

360° CODZIENNA DEKLARACJA WYZWOLENIA I WŁADZY – Część 1

„Żadna broń ukuta przeciwko tobie nie okaże się skuteczna, a każdy język, który powstanie przeciwko tobie w sądzie, potępisz. To jest dziedzictwo sług Pana..." — Izajasz 54:17

Dzisiaj i każdego dnia przyjmuję całą swoją pozycję w Chrystusie — ducha, duszę i ciało.

Zamykam wszystkie drzwi – znane i nieznane – do królestwa ciemności.

Zrywam wszelki kontakt, umowę, przymierze i komunię ze złymi ołtarzami, duchami przodków, duchowymi małżonkami, stowarzyszeniami okultystycznymi, czarami i sojuszami demonicznymi — krwią Jezusa!

Oświadczam, że nie jestem na sprzedaż. Nie jestem dostępny. Nie podlegam rekrutacji. Nie podlegam ponownej inicjacji.

Każde szatańskie przywołanie, duchowy nadzór lub złe przywołanie — niech zostanie rozproszone ogniem, w imię Jezusa!

Łączę się z umysłem Chrystusa, wolą Ojca i głosem Ducha Świętego.

Kroczę w świetle, prawdzie, mocy, czystości i celu.

Zamknąłem każde trzecie oko, psychiczną bramę i nieświęty portal otwarty przez sny, traumę, seks, rytuały, media lub fałszywe nauki.

Niech ogień Boży strawi każdy nielegalny depozyt w mojej duszy, w imię Jezusa.

Przemawiam do powietrza, ziemi, morza, gwiazd i niebios – nie będziecie działać przeciwko mnie.

Każdy ukryty ołtarz, agent, obserwator czy szepczący demon, który nastawił się przeciwko mojemu życiu, rodzinie, powołaniu lub terytorium – niech zostanie rozbrojony i uciszony krwią Jezusa!

Zanurzam swój umysł w Słowie Bożym.

Oświadczam, że moje sny są uświęcone. Moje myśli są chronione. Mój sen jest święty. Moje ciało jest świątynią ognia.

Od tej chwili kroczę w 360-stopniowym wyzwoleniu – nic ukryte, nic pominięte.

Każde długotrwałe zniewolenie pęka. Każde jarzmo pokoleniowe pęka. Każdy nieodpokutowany grzech zostaje ujawniony i oczyszczony.

Oświadczam:

- **Ciemność nie ma nade mną władzy.**
- **Mój dom jest strefą zagrożoną pożarem.**
- **Moje bramy są zapieczętowane w chwale.**
- **Żyję w posłuszeństwie i chodzę w mocy.**

Powstaję jako wybawiciel dla mojego pokolenia.

Nie będę oglądał się za siebie. Nie cofnę się. Jestem światłem. Jestem ogniem. Jestem wolny. W potężne imię Jezusa. Amen!

360° CODZIENNA DEKLARACJA WYZWOLENIA I WŁADZY – Część 2

Ochrona przed czarami, magią, nekromantami, mediami i kanałami demonicznymi

Wyzwolenie dla siebie i innych, którzy są pod ich wpływem lub niewolą

Oczyszczenie i pokrycie przez krew Jezusa

Przywrócenie zdrowia, tożsamości i wolności w Chrystusie

Ochrona i wolność od czarów, mediów, nekromantów i duchowej niewoli

(przez krew Jezusa i słowo naszego świadectwa)

„A oni zwyciężyli go przez krew Baranka i przez słowo świadectwa swojego..."

— *Objawienie 12:11*

„Pan ... udaremnia znaki fałszywych proroków i oszukuje wróżbitów ... potwierdza słowo swego sługi i spełnia radę swoich posłańców"

— *Izajasz 44:25–26*

„Duch Pański spoczywa na mnie... abym zapowiadał wyzwolenie jeńcom i więźniom swobodę..."

— *Łukasza 4:18*

MODLITWA OTWARCIA:

Ojcze Boże, przychodzę dziś śmiało przez krew Jezusa. Uznaję moc Twojego imienia i oświadczam, że tylko Ty jesteś moim Wybawcą i Obrońcą. Stoję jako Twój sługa i świadek i głoszę dziś Twoje Słowo z odwagą i autorytetem.

OŚWIADCZENIA O OCHRONIE I WYZWOLENIU

1. Uwolnienie od czarów, mediów, nekromantów i wpływów duchowych:

- **Łamię i wyrzekam się** wszelkich klątw, zaklęć, wróżb, uroków, manipulacji, monitorowania, projekcji astralnych i więzów dusz – wypowiadanych lub odgrywanych – poprzez czary, nekromancję, media lub kanały duchowe.
- Oświadczam, że **krew Jezusa** jest przeciwko każdemu nieczystemu duchowi, który próbuje związać, rozproszyć uwagę, oszukać lub manipulować mną i moją rodziną.
- Nakazuję, **aby wszelka ingerencja duchowa, opętanie, ucisk lub niewola duszy** zostały natychmiast przerwane przez władzę w imię Jezusa Chrystusa.
- Mówię o **wyzwoleniu dla siebie i dla każdego, kto świadomie lub nieświadomie jest pod wpływem czarów lub fałszywego światła**. Wyjdźcie teraz! Bądźcie wolni w imię Jezusa!
- Wzywam ogień Boży, aby **spalił wszelkie duchowe jarzmo, każdą szatańską umowę i ołtarz** wzniesiony w duchu, aby zniewolić lub usidlić nasze przeznaczenie.

„Nie ma zaklęcia przeciwko Jakubowi ani wróżby przeciwko Izraelowi" — *Liczb 23:23*

2. Oczyszczenie i ochrona siebie, dzieci i rodziny:

- Proszę, aby krew Jezusa czuwała nad moim **umysłem, duszą, duchem, ciałem, emocjami, rodziną, dziećmi i pracą.**
- Oświadczam: Ja i mój dom jesteśmy **zapieczętowani Duchem Świętym i ukryci z Chrystusem w Bogu.**
- Żadna broń stworzona przeciwko nam nie okaże się skuteczna. Każdy język, który mówi źle przeciwko nam, zostanie **osądzony i uciszony** w imię Jezusa.
- Wyrzekam się i wypędzam każdego **ducha strachu, męki, zamętu, uwodzenia i kontroli**.

„Ja jestem Pan, który niweczy zamysły kłamców..." — *Izajasz 44:25*

3. Przywrócenie tożsamości, celu i zdrowego umysłu:

- Odzyskuję każdą cząstkę mojej duszy i tożsamości, która została **wymieniona, uwięziona lub skradziona** poprzez oszustwo lub duchowy kompromis.
- Oświadczam: Posiadam **umysł Chrystusa** i chodzę w jasności, mądrości i autorytecie.
- Oświadczam: Jestem **wolny od wszelkich przekleństw pokoleniowych i czarów domowych** i kroczę w przymierzu z Panem.

„Bóg nie dał mi ducha bojaźni, ale mocy i miłości, i trzeźwego myślenia" – *2 Tymoteusza 1:7*

4. Codzienne osłonięcie i zwycięstwo w Chrystusie:

- Oświadczam: Dzisiaj kroczę w Bożej **ochronie, rozeznaniu i pokoju**.
- Krew Jezusa przemawia do mnie **lepiej** – zapewnia ochronę, uzdrowienie, władzę i wolność.
- Każde złe zadanie wyznaczone na ten dzień zostaje obalone. Kroczę w zwycięstwie i triumfie w Chrystusie Jezusie.

„Choć tysiąc padnie u mego boku, a dziesięć tysięcy po mojej prawicy, to jednak nie zbliży się do mnie..." — *Psalm 91:7*

DEKLARACJA KOŃCOWA I ZEZNANIA:

„Pokonuję każdą formę ciemności, czarów, nekromancji, czarnoksięstwa, manipulacji psychicznych, manipulowania duszą i złego przekazu duchowego – nie moją siłą, ale **krwią Jezusa i Słowem mojego świadectwa**".

„Oświadczam: **Jestem wyzwolony. Mój dom jest wyzwolony.** Każde ukryte jarzmo zostało złamane. Każda pułapka została ujawniona. Każde fałszywe światło zostało zgaszone. Kroczę w wolności. Kroczę w prawdzie. Kroczę w mocy Ducha Świętego".

„Pan potwierdza słowo swego sługi i wypełnia radę swego posłańca. Tak będzie dziś i każdego dnia odtąd".

W potężnym imieniu Jezusa, **Amen.**
ODNOŚNIKI DO PISM ŚWIĘTYCH:

- Izajasz 44:24–26
- Objawienie 12:11
- Izajasz 54:17
- Psalm 91
- Liczby 23:23
- Łukasza 4:18
- Efezjan 6:10–18
- Kolosan 3:3
- 2 Tymoteusza 1:7

360° CODZIENNA DEKLARACJA WYZWOLENIA I WŁADZY – Część 3

„**P**an jest mężem wojny, Pan jest Jego imię" — Wyjścia 15:3
„A oni zwyciężyli go przez krew Baranka i przez słowo swojego świadectwa..." — Objawienie 12:11

Dziś powstaję i zajmuję swoje miejsce w Chrystusie — zasiadam w miejscach niebiańskich, wysoko ponad wszystkimi zwierzchnościami, mocami, tronami, panowaniami i każdym imieniem, jakie się wymienia.

Wyrzekam się

Wyrzekam się wszelkich znanych i nieznanych przymierzy, przysięg i inicjacji:

- Masoneria (od 1 do 33 stopnia)
- Kabała i mistycyzm żydowski
- Wschodnia Gwiazda i Różokrzyżowcy
- Zakony jezuickie i Illuminati
- Bractwa satanistyczne i sekty lucyferiańskie
- Duchy morskie i podmorskie przymierza
- Węże Kundalini, wyrównanie czakr i aktywacje trzeciego oka
- Oszustwo New Age, Reiki, joga chrześcijańska i podróże astralne
- Czarostwo, czary, nekromancja i kontrakty astralne
- Okultystyczne więzi dusz wynikające z seksu, rytuałów i tajnych paktów
- Przysięgi masońskie dotyczące mojego rodu i kapłaństwa przodków

Odcinam każdą duchową pępowinę do:

- Starożytne ołtarze krwi
- Fałszywy ogień proroczy

- Małżonkowie duchowi i najeźdźcy snów
- Święta geometria, kody światła i doktryny prawa uniwersalnego
- Fałszywi Chrystusowie, duchy wróżbitów i fałszywe duchy święte

Niech krew Jezusa przemówi w moim imieniu. Niech każdy kontrakt zostanie zerwany. Niech każdy ołtarz zostanie zburzony. Niech każda demoniczna tożsamość zostanie wymazana – natychmiast!

OŚWIADCZAM
Oświadczam:

- Moje ciało jest żywą świątynią Ducha Świętego.
- Mój umysł jest chroniony hełmem zbawienia.
- Moja dusza jest codziennie uświęcana przez obmycie Słowem.
- Moja krew jest oczyszczona przez Golgotę.
- Moje sny są zamknięte w świetle.
- Moje imię jest zapisane w Księdze Życia Baranka — nie w żadnym okultystycznym rejestrze, loży, dzienniku pokładowym, zwoju ani pieczęci!

ROZKAZUJĘ
Rozkazuję:

- Wszyscy agenci ciemności — obserwatorzy, monitorujący, projektory astralne — mają zostać oślepieni i rozproszeni.
- Niech wszelkie powiązania ze światem podziemnym, światem morskim i płaszczyzną astralną zostaną zerwane!
- Każda ciemna plama, implant, rytualna rana lub duchowe piętno — niech zostanie oczyszczone ogniem!
- Każdy duch, który szepcze kłamstwa — ucisz się natychmiast!

WYŁĄCZAM SIĘ
Wycofuję się z:

- Wszystkie demoniczne linie czasu, więzienia dusz i klatki duchowe
- Wszystkie rankingi i stopnie tajnych stowarzyszeń

- Wszystkie fałszywe płaszcze, trony i korony nosiłem
- Każda tożsamość, której nie stworzył Bóg
- Każdy sojusz, przyjaźń lub związek wspierany przez ciemne systemy

USTANAWIAM
Ustalam:

- Zapora chwały wokół mnie i mojego domu
- Święci aniołowie przy każdej bramie, portalu, oknie i ścieżce
- Czystość w moich mediach, muzyce, wspomnieniach i umyśle
- Prawda w moich przyjaźniach, posłudze, małżeństwie i misji
- Nieprzerwana komunia z Duchem Świętym

PRZESYŁAM
Poddaję się całkowicie Jezusowi Chrystusowi —
Barankowi, który został zabity, Królowi, który rządzi, Lwu, który ryczy.
Wybieram światło. Wybieram prawdę. Wybieram posłuszeństwo.
Nie należę do mrocznych królestw tego świata.
Należę do Królestwa naszego Boga i Jego Chrystusa.

OSTRZEGAM WROGA
Niniejszą deklaracją zawiadamiam:

- Każde wysoko postawione księstwo
- Każdy duch rządzący miastami, liniami krwi i narodami
- Każdy podróżnik astralny, czarownica, czarownik czy upadła gwiazda...

Jestem nietykalną własnością.

Mojego imienia nie ma w waszych archiwach. Moja dusza nie jest na sprzedaż. Moje marzenia są pod twoją kontrolą. Moje ciało nie jest twoją świątynią. Moja przyszłość nie jest twoim placem zabaw. Nie wrócę do niewoli. Nie powtórzę cyklów przodków. Nie będę nosił obcego ognia. Nie będę miejscem spoczynku węży.

PIECZĘTUJĘ
Niniejszą deklarację pieczętuję następującymi słowami:

- Krew Jezusa
- Ogień Ducha Świętego
- Autorytet Słowa
- Jedność Ciała Chrystusa
- Dźwięk mojego świadectwa

W imię Jezusa, Amen i Amen

WNIOSEK: OD PRZETRWANIA DO SYNOSTWA — POZOSTAĆ WOLNYM, ŻYĆ W WOLNOŚCI, UWOLNIAĆ INNYCH

„*Trwajcie więc mocno w wolności, którą nas obdarzył Chrystus, i nie poddawajcie się znowu pod jarzmo niewoli.*" — Galacjan 5:1
„*Wyprowadził ich z ciemności i cienia śmierci, i pokruszył ich więzy.*" — Psalm 107:14

Te 40 dni nigdy nie dotyczyły tylko wiedzy. Chodziło o **walkę**, **przebudzenie** i **panowanie**.

Widziałeś, jak działa mroczne królestwo – subtelnie, pokoleniowo, a czasem otwarcie. Przemierzałeś bramy przodków, krainy snów, okultystyczne pakty, globalne rytuały i duchowe udręki. Spotkałeś się ze świadectwami niewyobrażalnego bólu – ale także **radykalnego wyzwolenia**. Zburzyłeś ołtarze, wyrzekłeś się kłamstw i zmierzyłeś się z rzeczami, których wiele kaznodziejów boi się nazwać.

ALE TO NIE KONIEC.

Teraz zaczyna się prawdziwa podróż: **Zachowanie wolności. Życie w Duchu. Nauczanie innych drogi wyjścia.**

Łatwo jest przejść przez 40 dni ognia i wrócić do Egiptu. Łatwo jest zburzyć ołtarze, by odbudować je w samotności, pożądaniu lub duchowym zmęczeniu. Nie.

Nie jesteś już **niewolnikiem rowerów**. Jesteś **strażnikiem** na murze. **Strażnikiem** swojej rodziny. **Wojownikiem** swojego miasta. **Głosem** narodów.

7 OSTATNICZYCH ZARZUT DLA TYCH, KTÓRZY BĘDĄ CHODZIĆ W DOMINIONIE

1. **Strzeż swoich bram.**

Nie otwieraj na nowo duchowych drzwi przez kompromis, bunt, relacje czy ciekawość.
„Nie dawajcie diabłu miejsca". — List do Efezjan 4:27

2. **Dyscyplinuj swój apetyt.**
Post powinien być częścią twojego miesięcznego rytmu. On przywraca równowagę duszy i utrzymuje ciało w posłuszeństwie.

3. **Zaangażuj się w czystość**
emocjonalną, seksualną, werbalną i wizualną. Nieczystość to brama numer jeden, przez którą demony wpełzają z powrotem.

4. **Opanuj Słowo.**
Pismo Święte nie jest opcjonalne. To twój miecz, tarcza i chleb powszedni. *„Słowo Chrystusowe niech mieszka w was obficie..."* (Kol 3,16)

5. **Znajdź swoje plemię.**
Wyzwolenie nigdy nie było przeznaczone do samotnego przejścia. Buduj, służ i uzdrawiaj we wspólnocie przepełnionej Duchem.

6. **Przyjmij cierpienie**
. Tak – cierpienie. Nie każda męka jest demoniczna. Niektóre są uświęcające. Przejdź przez nie. Chwała jest przed nami.
„Po krótkim cierpieniu... On was umocni, utwierdzi i ugruntuje". — 1 Piotra 5:10

7. **Nauczaj innych.**
Darmo otrzymałeś – teraz darmo dawaj. Pomóż innym się wyzwolić. Zacznij od domu, kręgu znajomych, kościoła.

OD DOSTARCZONEGO DO UCZNIA

To nabożeństwo jest wołaniem o świat — nie tylko o uzdrowienie, ale także o powstanie armii.

Czas **pasterzy**, którzy wyczuwają wojnę.

Czas **proroków**, którzy nie cofną się przed wężami.

Czas **matek i ojców**, którzy zerwą pakty międzypokoleniowe i zbudują ołtarze prawdy.

Czas, **aby narody** zostały ostrzeżone, a Kościół przestał milczeć.

JESTEŚ RÓŻNICĄ

Gdziekolwiek pójdziesz, ma znaczenie. To, co niesiesz, ma znaczenie. Ciemność, z której zostałeś wyciągnięty, to terytorium, nad którym teraz masz władzę.

Wyzwolenie było twoim prawem od urodzenia. Panowanie jest twoim płaszczem.

Teraz wejdź w to.

MODLITWA OSTATNIA

Panie Jezu, dziękuję Ci, że towarzyszyłeś mi przez te 40 dni. Dziękuję Ci za obnażenie ciemności, zerwanie łańcuchów i powołanie mnie do wyższego miejsca. Nie chcę się cofać. Łamię każdą umowę strachem, wątpliwościami i porażką. Przyjmuję swoje zadanie w Królestwie z odwagą. Używaj mnie, aby wyzwalać innych. Napełniaj mnie Duchem Świętym każdego dnia. Niech moje życie stanie się bronią światła – w mojej rodzinie, w moim narodzie, w Ciele Chrystusa. Nie będę milczał. Nie dam się pokonać. Nie poddam się. Kroczę z ciemności do panowania. Na zawsze. W imię Jezusa. Amen.

Jak narodzić się na nowo i rozpocząć nowe życie z Chrystusem

Może już kiedyś chodziłeś z Jezusem, a może dopiero co Go spotkałeś w ciągu tych 40 dni. Ale teraz coś w tobie się budzi.

Jesteś gotowy na coś więcej niż religię.

Jesteś gotowy na **relację**.

Jesteś gotowy powiedzieć: „Jezu, potrzebuję Cię".

Oto prawda:

„Bo wszyscy zgrzeszyliśmy i wszyscy jesteśmy pozbawieni chwały Bożej… a jednak Bóg w swojej łasce darmo usprawiedliwia nas przed swoim obliczem"

— Rzymian 3:23–24 (NLT)

Nie możesz zasłużyć na zbawienie.

Nie możesz naprawić siebie. Ale Jezus już zapłacił pełną cenę — i czeka, by powitać cię w domu.

Jak narodzić się na nowo

NOWE NARODZENIE OZNACZA poddanie swojego życia Jezusowi — przyjęcie Jego przebaczenia, wiarę w to, że umarł i zmartwychwstał, oraz przyjęcie Go jako swojego Pana i Zbawiciela.

To proste. To potężne. To zmienia wszystko.

Módl się na głos:

„**PANIE JEZU, WIERZĘ**, że jesteś Synem Bożym.

Wierzę, że umarłeś za moje grzechy i zmartwychwstałeś.

Wyznaję, że zgrzeszyłem i potrzebuję Twojego przebaczenia.

Dziś żałuję i odwracam się od moich starych nawyków.

Zapraszam Cię do mojego życia, abyś został moim Panem i Zbawicielem.

Obmyj mnie do czysta. Napełnij mnie swoim Duchem.

Oświadczam, że narodziłem się na nowo, otrzymałem przebaczenie i jestem wolny.

Od dziś będę podążał za Tobą –
i będę podążał Twoimi śladami.

Dziękuję Ci za moje zbawienie. W imię Jezusa, amen."

Następne kroki po zbawieniu

1. **Powiedz komuś** – podziel się swoją decyzją z osobą, której ufasz.
2. **Znajdź kościół oparty na Biblii** – Dołącz do społeczności, która naucza Słowa Bożego i żyje nim. Odwiedź stronę internetową God's Eagle Ministries: https://www.otakada.org [1] lub https://chat.whatsapp.com/H67spSun32DDTma8TLh0ov
3. **Przyjmij chrzest** – Zrób kolejny krok i publicznie wyznaj swoją wiarę.
4. **Czytaj Biblię codziennie** – zacznij od Ewangelii Jana.
5. **Módl się każdego dnia** – rozmawiaj z Bogiem jak z przyjacielem i ojcem.
6. **Pozostań w kontakcie** – otaczaj się ludźmi, którzy zachęcają cię do nowej drogi.
7. **Rozpocznij proces nauczania w społeczności** – rozwijaj indywidualną relację z Jezusem Chrystusem za pośrednictwem tych linków

40-dniowy kurs uczniostwa 1 - https://www.otakada.org/get-free-40-days-online-discipleship-course-in-a-journey-with-jesus/

40 Uczniostwo 2 - https://www.otakada.org/get-free-40-days-dna-of-discipleship-journey-with-jesus-series-2/

---

1. https://www.otakada.org

Mój moment zbawienia

D^{ata :} _____
Podpis : _____

„Jeśli ktoś jest w Chrystusie, jest nowym stworzeniem. Stare przeminęło, oto wszystko stało się nowe!"
— 2 Koryntian 5:17

Certyfikat Nowego Życia w Chrystusie

Deklaracja zbawienia – Narodzeni na nowo z łaski

N iniejszym zaświadczam, że

_____

(PEŁNE IMIĘ I NAZWISKO)

publicznie wyznał **wiarę w Jezusa Chrystusa** jako Pana i Zbawiciela i przyjął dar zbawienia przez Jego śmierć i zmartwychwstanie.

„Jeśli otwarcie wyznasz, że Jezus jest Panem, i uwierzysz w swoim sercu, że Bóg wskrzesił Go z martwych, będziesz zbawiony"
— Rzymian 10:9 (NLT)

W tym dniu niebo się raduje i zaczyna się nowa podróż.

Data decyzji : _____

Podpis : _____

Deklaracja Zbawienia

„DZIŚ ODDAJĘ SWOJE ŻYCIE Jezusowi Chrystusowi.

Wierzę, że umarł za moje grzechy i zmartwychwstał. Przyjmuję Go jako mojego Pana i Zbawiciela. Jestem przebaczony, narodzony na nowo i odnowiony. Od tej chwili będę kroczył Jego śladami".

Witamy w Rodzinie Bożej!

TWOJE IMIĘ JEST ZAPISANE w Księdze Życia Baranka.

Twoja historia dopiero się zaczyna — i jest wieczna.

POŁĄCZ SIĘ Z GOD'S EAGLE MINISTRIES

- Strona internetowa: www.otakada.org[1]
- Seria „Bogactwo ponad zmartwieniami": www.wealthbeyondworryseries.com[2]
- Adres e-mail: ambassador@otakada.org

- **Wesprzyj tę pracę:**

Wspieraj projekty królestwa, misje i bezpłatne zasoby globalne poprzez darowizny wynikające z przymierza.
Zeskanuj kod QR, aby przekazać darowiznę
https://tithe.ly/give?c=308311
Twoja hojność pomaga nam docierać do większej liczby dusz, tłumaczyć materiały, wspierać misjonarzy i budować globalne systemy nauczania. Dziękujemy!

---

1. https://www.otakada.org
2. https://www.wealthbeyondworryseries.com

3. DOŁĄCZ DO NASZEJ społeczności WhatsApp Covenant

Otrzymuj aktualizacje, treści religijne i nawiąż kontakt z wierzącymi na całym świecie, którzy troszczą się o przymierze.

Zeskanuj, aby dołączyć

https://chat.whatsapp.com/H67spSun32DDTma8TLh0ov

POLECANE KSIĄŻKI I ZASOBY

- *Wyzwolony z mocy ciemności* (**Miękka oprawa**) — Kup tutaj [1] | Ebook [2] na Amazonie [3]

- **Najlepsze recenzje ze Stanów Zjednoczonych:**
    - **Klient Kindle'a** : „Najlepsza chrześcijańska lektura, jaką kiedykolwiek przeczytałem!" (5 gwiazdek)

---

1. https://shop.ingramspark.com/b/084?params=oeYbAkVTC5ao8PfdVdzwko7wi6IQimgJY2779NaqG4e
2. https://www.amazon.com/Delivered-Power-Darkness-AFRICAN-DELIVERED-ebook/dp/B0CC5MM4MV
3. https://www.amazon.com/Delivered-Power-Darkness-AFRICAN-DELIVERED-ebook/dp/B0CC5MM4MV

CHWAŁA JEZUSOWI ZA to świadectwo. Zostałem tak pobłogosławiony i polecam każdemu przeczytanie tej książki... Bo zapłatą za grzech jest śmierć, a darem łaski Bożej jest życie wieczne. Szalom! Szalom!

- **Da Gster** : „To bardzo interesująca i dość dziwna książka". (5 gwiazdek)

Jeśli to, co napisano w tej książce, jest prawdą, to naprawdę jesteśmy daleko w tyle, jeśli chodzi o to, do czego zdolny jest wróg! ... Obowiązkowa pozycja dla każdego, kto chce dowiedzieć się czegoś o walce duchowej.

- **Visa** : „Uwielbiam tę książkę" (5 gwiazdek)

To otwiera oczy... prawdziwe wyznanie... Ostatnio szukałem go wszędzie, żeby go kupić. Cieszę się, że udało mi się go kupić na Amazonie.

- **FrankJM** : „Całkiem inne" (4 gwiazdki)

Ta książka przypomina mi, jak realna jest walka duchowa. Przypomina mi również o powodzie przywdziewania „Pełnej Zbroi Bożej".

- **JenJen** : „Każdy, kto chce pójść do nieba – niech to przeczyta!" (5 gwiazdek)

Ta książka tak bardzo zmieniła moje życie. Wraz ze świadectwem Johna Ramireza, sprawi, że spojrzysz na swoją wiarę inaczej. Przeczytałem ją 6 razy!

- *Były satanista: Wymiana Jamesa* (Miękka oprawa) — Kup tutaj [4] | Ebook [5] na Amazonie [6]

---

4. https://shop.ingramspark.com/b/
084?params=I2HNGtbqJRbal8OxU3RMTApQsLLxcUCTC8zUdzDy0W1
5. https://www.amazon.com/JAMESES-Exchange-Testimony-High-Ranking-Encounters-ebook/dp/
B0DJP14JLH
6. https://www.amazon.com/JAMESES-Exchange-Testimony-High-Ranking-Encounters-ebook/dp/
B0DJP14JLH

- *ŚWIADECTWO AFRYKAŃSKIEGO BYŁEGO SATANISTY* – Pastor *JONAS LUKUNTU MPALA* (Książka w miękkiej oprawie) — Kup tutaj [7] | Ebook [8] na Amazon[9]

- *Greater Exploits 14* (Miękka oprawa) — Kup tutaj [10] | Ebook [11] na Amazonie[12]

---

7. https://shop.ingramspark.com/b/084?params=0Aj9Sze4cYoLM5OqWrD20kgknXQQqO5AZYXcWtoMqWN

8. https://www.amazon.com/TESTIMONY-African-EX-SATANIST-Pastor-Jonas-ebook/dp/B0DJDLFKNR

9. https://www.amazon.com/TESTIMONY-African-EX-SATANIST-Pastor-Jonas-ebook/dp/B0DJDLFKNR

10. https://shop.ingramspark.com/b/084?params=772LXinQn9nCWcgq572PDsqPjkTJmpgSqrp88b0qzKb

11. https://www.amazon.com/Greater-Exploits-MYSTERIOUS-Strategies-Countermeasures-ebook/dp/B0CGHYPZ8V

12. https://www.amazon.com/Greater-Exploits-MYSTERIOUS-Strategies-Countermeasures-ebook/dp/B0CGHYPZ8V

- *Z kotła diabła* Johna Ramireza — dostępne na Amazonie[13]
- *Przyszedł, aby uwolnić jeńców,* autor: Rebecca Brown — Znajdź na Amazonie[14]

Inne książki wydane przez autora – ponad 500 tytułów
Kochany, wybrany i cały : 30-dniowa podróż od odrzucenia do **odbudowy,** przetłumaczona na 40 języków świata
https://www.amazon.com/Loved-Chosen-Whole-Rejection-Restoration-ebook/dp/B0F9VSD8WL
https://shop.ingramspark.com/b/084?params=xga0WR16muFUwCoeMUBHQ6HwYjddLGpugQHb3DVa5hE

---

13. https://www.amazon.com/Out-Devils-Cauldron-John-Ramirez/dp/0985604306
14. https://www.amazon.com/He-Came-Set-Captives-Free/dp/0883683239

Jego śladami — 40-dniowe wyzwanie WWJD:
Życie jak Jezus w prawdziwych historiach z całego świata
https://www.amazon.com/His-Steps-Challenge-Real-Life-Stories-ebook/dp/B0FCYTL5MG
https://shop.ingramspark.com/b/084?params=DuNTWS59IbkvSKtGFbCbEFdv3Zg0FaITUEvlK49yLzB

JEZUS ZA DRZWIAMI:
40 poruszających historii i ostatnie ostrzeżenie nieba dla dzisiejszych kościołów
https://www.amazon.com/dp/B0FDX31L9F
https://shop.ingramspark.com/b/084?params=TpdA5j8WPvw83glJ12N1B3nf8LQte2a1lIEy32bHcGg

ŻYCIE PRZYMIERZA: 40 dni chodzenia w błogosławieństwie z Księgi Powtórzonego Prawa 28

- https://www.amazon.com/dp/B0FFJCLDB5

Historie prawdziwych ludzi, prawdziwego posłuszeństwa i prawdziwego
https://shop.ingramspark.com/b/084?params=bH3pzfz1zdCOLpbs7tZYJNYgGcYfU32VMz3J3a4e2Qt

Transformacja w ponad 20 językach

POZNAJĄC JĄ I POZNAJĄC JEGO:
40 dni do uzdrowienia, zrozumienia i trwałej miłości

HTTPS://WWW.AMAZON.com/KNOWING-HER-HIM-Healing-Understanding-ebook/dp/B0FGC4V3D9[15]

https://shop.ingramspark.com/b/084?params=vC6KCLoI7Nnum24BVmBtSme9i6k59p3oynaZOY4B9Rd

UKOŃCZYĆ, NIE KONKUROWAĆ:
40-dniowa podróż do celu, jedności i współpracy

---

[15]. https://www.amazon.com/KNOWING-HER-HIM-Healing-Understanding-ebook/dp/B0FGC4V3D9

HTTPS://SHOP.INGRAMSPARK.com/b/
084?params=5E4v1tHgeTqOOuEtfTYUzZDzLyXLee30cqYo0Ov9941[16]
https://www.amazon.com/COMPLETE-NOT-COMPETE-Journey-Collaboration-ebook/dp/B0FGGL1XSQ/

KOD ZDROWIA BOŻEGO - 40 codziennych kluczy do aktywacji uzdrowienia poprzez Słowo Boże i dzieło stworzenia. Odkryj uzdrawiającą moc roślin, modlitwy i proroczych działań.

---

16. https://shop.ingramspark.com/b/084?params=5E4v1tHgeTqOOuEtfTYUzZDzLyXLee30cqYo0Ov9941

https://shop.ingramspark.com/b/084?params=xkZMrYcEHnrJDhe1wuHHYixZDViiArCeJ6PbNMTbTux
https://www.amazon.com/dp/B0FHJT42TK

INNE KSIĄŻKI MOŻNA znaleźć na stronie autora
https://www.amazon.com/stores/Ambassador-Monday-O.-Ogbe/author/B07MSBPFNX

DODATEK (1-6): ZASOBY DLA UTRZYMANIA WOLNOŚCI I GŁĘBSZEGO WYZWOLENIA

DODATEK 1: Modlitwa o rozpoznanie ukrytych czarów, praktyk okultystycznych lub dziwnych ołtarzy w kościele

„*Synu człowieczy, czy widzisz, co oni czynią w ciemności...?*" — Ezechiel 8:12

„*I nie miejcie nic wspólnego z bezowocnymi uczynkami ciemności, ale je raczej karćcie.*" — Efezjan 5:11

Modlitwa o rozeznanie i ujawnienie:

Panie Jezu, otwórz moje oczy, abym widział to, co Ty widzisz. Niech każdy dziwny ogień, każdy sekretny ołtarz, każda okultystyczna operacja ukryta za ambonami, ławkami czy praktykami zostanie ujawniona. Usuń zasłony. Ujawnij bałwochwalstwo pod maską uwielbienia, manipulację pod maską proroctwa i perwersję pod maską łaski. Oczyść moją lokalną wspólnotę. Jeśli jestem częścią skompromitowanej wspólnoty, zaprowadź mnie w bezpieczne miejsce. Wznieś czyste ołtarze. Czyste ręce. Święte serca. W imię Jezusa. Amen.

DODATEK 2: Protokół wyrzeczenia się mediów i oczyszczenia

„*Nie będę kładł niczego złego przed oczyma moimi...*" — Psalm 101:3

Kroki oczyszczania życia medialnego:

1. **Sprawdź** wszystko: filmy, muzykę, gry, książki, platformy.
2. **Zapytaj:** Czy to oddaje chwałę Bogu? Czy otwiera drzwi do ciemności (np. horroru, pożądania, czarów, przemocy lub motywów new age)?
3. **Wyrzec się** :

„Wyrzekam się każdego demonicznego portalu otwartego przez bezbożne media. Odłączam swoją duszę od wszelkich więzów duszy z celebrytami, twórcami, postaciami i wątkami fabularnymi, które zostały wzmocnione przez wroga".

1. **Usuwanie i niszczenie** : Usuwanie treści fizycznie i cyfrowo.
2. **Zastąp je** boskimi alternatywami — uwielbieniem, naukami, świadectwami, wartościowymi filmami.

DODATEK 3: Masoneria, Kabała, Kundalini, Czarostwo, Skrypt wyrzeczenia okultystycznego

„*Nie miejcie nic wspólnego z bezowocnymi uczynkami ciemności...*" — Efezjan 5:11

Powiedz na głos:

W imię Jezusa Chrystusa wyrzekam się wszelkich przysiąg, rytuałów, symboli i inicjacji do jakiegokolwiek tajnego stowarzyszenia lub zakonu okultystycznego – świadomie lub nieświadomie. Odrzucam wszelkie powiązania z:

- **Wolnomularstwo** – wszystkie stopnie, symbole, przysięgi krwi, przekleństwa i bałwochwalstwo.
- **Kabała** – mistycyzm żydowski, odczyty Zoharu, inwokacje do Drzewa Życia lub magia anielska.
- **Kundalini** – otwarcie trzeciego oka, przebudzenie jogi, ogień węża i wyrównanie czakr.
- **Czarostwo i New Age** – Astrologia, tarot, kryształy, rytuały księżycowe, podróże duchowe, reiki, biała i czarna magia.
- **Różokrzyżowcy, Illuminati, Skull & Bones, Przysięgi jezuickie, Zakony druidów, Satanizm, Spirytyzm, Santeria, Voodoo, Wicca, Thelema, Gnostycyzm, Misteria egipskie, Obrzędy babilońskie.**

Unieważniam każde przymierze zawarte w moim imieniu. Zrywam wszelkie więzy krwi, snów i duszy. Oddaję całą swoją istotę Panu Jezusowi Chrystusowi – ducha, duszę i ciało. Niech każdy demoniczny portal zostanie na zawsze zamknięty krwią Baranka. Niech moje imię zostanie oczyszczone z wszelkich mrocznych rejestrów. Amen.

DODATEK 4: Przewodnik aktywacji olejku do namaszczania

„*Czy ktoś z was cierpi? Niech się modli. Czy ktoś z was choruje? Niech zawołają starszych... i namaszczą go olejem w imię Pana*" — Jakuba 5:13–14

Jak używać oleju do namaszczania w celu wyzwolenia i panowania:

- **Czoło** : Odnawianie umysłu.
- **Uszy** : Rozpoznawanie głosu Boga.
- **Brzuch** : Oczyszczanie siedliska emocji i ducha.
- **Stopy** : Wkraczanie w boskie przeznaczenie.
- **Drzwi/Okna** : Zamykanie bram duchowych i oczyszczanie domów.

Deklaracja podczas namaszczenia:
„Uświęcam to miejsce i naczynie olejem Ducha Świętego. Żaden demon nie ma tu legalnego dostępu. Niech chwała Pana zamieszka w tym miejscu".

DODATEK 5: Wyrzeczenie się trzeciego oka i nadprzyrodzonego widzenia ze źródeł okultystycznych

Powiedz na głos:

„W imię Jezusa Chrystusa wyrzekam się każdego otwarcia mojego trzeciego oka – czy to przez traumę, jogę, podróże astralne, psychodeliki, czy duchową manipulację. Proszę Cię, Panie, abyś zamknął wszystkie nielegalne portale i zapieczętował je krwią Jezusa. Uwalniam każdą wizję, wgląd i nadprzyrodzoną zdolność, które nie pochodzą od Ducha Świętego. Niech każdy demoniczny obserwator, projektor astralny lub istota obserwująca mnie zostanie oślepiona i związana w imię Jezusa. Wybieram czystość ponad moc, intymność ponad wgląd. Amen."

DODATEK 6: Materiały wideo ze świadectwami dotyczącymi rozwoju duchowego

1) zacznij od 1,5 minuty - https://www.youtube.com/watch?v=CbFRdraValc

2) https://youtu.be/b6WBHAcwN0k?si=ZUPHzhDVnn1PPIEG

3) https://youtu.be/XvcqdbEIO1M?si=GBlXg-cO-7f09cR[1]

4) https://youtu.be/jSm4r5oEKjE?si=1Z0CPgA33S0Mfvyt

5) https://youtu.be/B2VYQ2-5CQ8?si=9MPNQuA2f2rNtNMH

6) https://youtu.be/MxY2gJzYO-U?si=tr6EMQ6kcKyjkYRs

7) https://youtu.be/ZW0dJAsfJD8?si=Dz0b44I53W_Fz73A

8) https://youtu.be/q6_xMzsj_WA?si=ZTotYKo6Xax9nCWK

9) https://youtu.be/c2ioRBNriG8?si=JDwXwxhe3jZlej1U

10) https://youtu.be/8PqGMMtbAyo?si=UqK_S_hiyJ7rEGz1

11) https://youtu.be/rJXu4RkqvHQ?si=yaRAA_6KIxjm0eOX

12) https://youtu.be/nS_Insp7i_Y?si=ASKLVs6iYdZToLKH

13) https://youtu.be/-EU83j_eXac?si=-jG4StQOw7S0aNaL

14) https://youtu.be/_r4Jyzs2EDk?si=tldAtKOB_3-J_j_C

15) https://youtu.be/KiiUPLaV7xQ?si=I4x7aVmbgbrtXF_S

16) https://youtu.be/68m037cPEu0?si=XpuyyEzGfK1qWYRt

17) https://youtu.be/z4zlp9_aRQg?si=DR3lDYTt632E96a6

18) https://youtube.com/shorts/H_90n-QZU5Q?si=uLPScVXm81DqU6ds

---

1. https://youtu.be/XvcqdbEIO1M?si=GBlXg-c-O-7f09cR

OSTATECZNE OSTRZEŻENIE: Nie można się tym bawić

Wyzwolenie to nie rozrywka. To wojna.
 Wyrzeczenie bez skruchy to tylko hałas. Ciekawość to nie to samo, co powołanie. Są rzeczy, z których nie otrząsa się pochopnie.
 Więc policz koszty. Krocz w czystości. Strzeż swoich bram.
 Bo demony nie szanują hałasu – tylko autorytetu.

www.ingramcontent.com/pod-product-compliance
Lightning Source LLC
Chambersburg PA
CBHW050339010526
44119CB00049B/616